KB151173

어떤 일, 어떤 삶

05

# 젊은 공무원에게 묻다

—

## 당신이 꿈꾸는 사회는 무엇인가?

인터뷰와 글. 윤기혁

남해의봄날 ●

# Contents

4    당신이 꿈꾸는 사회는 무엇인가?

Prologue

6    첫 마음을 품고 사는 공무원이 있다

10   알고 보면 더 무궁무진한 공무원 세계

Story 01

12   충주시청 조남식 주무관

16   공직 생활 속 즐거움을 찾는 방법

32   조남식의 슬기로운 공무원 생활 〈윈윈 전략, 제안 제도와 규제개혁〉

Story 02

34   한강홍수통제소 김휘린 연구사

38   세계 속으로 뛰어든 비를 쫓던 소녀

56   김휘린의 슬기로운 공무원 생활 〈국제기구에서 일하기〉

Story 03

58   해양경찰청 장재호 경위

62   긍정의 에너지가 바꾸는 사회

78   장재호의 슬기로운 공무원 생활 〈다름을 이해하는 시간, 파견근무〉

Story 04

80   여수시청 장미 주무관

84   성공보다 성장을 위한 일

100   장미의 슬기로운 공무원 생활 〈더 슬기로운 출산과 육아〉

102 Tip _ 내게 맞는 방법으로 공무원 되기

**Story 05**

106 식품의약품안전처 현진우 사무관

110 이상과 현실, 제도와 현장 사이에서

126 현진우의 슬기로운 공무원 생활 〈행정은 집행만이 아니라 제·개정도 합니다〉

**Story 06**

128 방위사업청 국존호 주무관

132 조직과 사람 사이, 마음을 전하는 일

148 국존호의 슬기로운 공무원 생활 〈도전! 국외훈련〉

**Story 07**

150 국토교통부 김승범 서기관

154 행복한 삶을 위한 정책건축가

168 김승범의 슬기로운 공무원 생활 〈기획에서 홍보까지 리드하며 일하기〉

**Epilogue _ 선배에게 듣다**

선한 영향력으로 사회 구석구석을 비추는 활동가
172 광주광역시 우산동장 엄미현에게 듣다

40년 경력의 선배가 전하는 공무원의 역할
184 임관식 여성가족부 전(前) 권익증진국장에게 듣다

# 당신이
# 꿈꾸는 사회는
# 무엇인가?

내가 담당했던 사업의 혜택을 다름아닌 내 이웃, 내 아이와 가족이 받았을 때 말할 수 없는 보람을 느꼈다. **행정과 정치는 사회에 알맞은 정책으로 보답해 줘야 한다.** 국민 삶의 질이 개선되고 이를 체감할 때, 그로 인해 감사와 응원의 말을 들었을 때 위로와 감동을 받는다.

**현진우 사무관**

필요할 땐 서로 돕고, 상식이 통하는 사회는 내가 꿈꾸는 가장 기본적인 사회의 모습이지만 또 가장 어려운 모습이기도 하다. **잘한 이에겐 질투하는 대신 손뼉 치고, 틀린 것은 지양하되 다른 것은 존중하는 사회를 다음 세대에 전하고 싶다.**

**조남식 주무관**

'한 명의 아이를 키우려면 온 마을이 필요하다'라는 아프리카 속담처럼 **아이 양육에는 각 가정과 이웃, 사회공동체, 국가까지 함께 책임을 통감하고 해결책을 모색해야 한다.** 혼자라는 외로움과 버거움보다 '함께'라는 위안 속에서 아이도, 부모도, 사회도 같이 성장하고 싶다.

**장미 주무관**

사회가 건강하기 위해서는 먼저 사람이 건강해야 한다.
신체의 건강이 아니라 타인을 이해하는 마음의 건강이다.
**내가 싫어하는 일은 남도 싫을 수 있다는 것, 타인의**
**절실함이 내 상황의 절실함에 앞설 수 있다는 것,**
이러한 사실을 서로 이해한다면 가족도, 사회도 점차
건강해지리라 믿는다.

**국존호 주무관**

2030세대를 위한 행복주택의
입주 경쟁률은 수백 대 일을
웃돌기도 하고, 집 걱정으로
결혼과 출산을 미루는 경우도
많다. **집을 사지 못해도, 집을**
**사지 않아도 걱정 없이 지낼**
**수 있는 사회를 만들고 싶다.**
힘들지만 보람 있는 이 과정을
동료들과 함께 걸어가고 싶다.

**김승범 서기관**

**혈연, 지연, 학연 등 사회의**
**변화에 따라 나타나는 다양한**
**인연의 영향에 의지하지 않고,**
**노력과 실력으로 사회의**
**인정을 받고 싶다.** 부족한
부분은 질책하기보다 함께
메우고, 나와 내 가족을 넘어
이웃과 함께 기쁨과 슬픔을
나누고 싶다.

**김휘린 연구사**

누군가는 해야 할 일이라고 생각했기에 책임감을 갖고
경찰공무원의 길을 선택했다. 공무원에 대한 무조건적인
이해를 바라는 건 아니지만, **우리의 직업을 존중해 주면**
**좋겠다.** 경찰을 짭새라 부르지 않고, 군복 입은 사람들을
냄새 난다고 피하는 대신, 그 업을 수행하는 자를 향한
따스한 시선이면 만족한다.

**장재호 경위**

# 첫 마음을 품고 사는
# 공무원이 있다

직업으로서 공무원에 대한 사회의 관심은 좀처럼 줄어들지 않는다. 공무원 시험을 준비하는 공시생은 점점 증가하고, 기업에서 직장 생활을 하다가도 공무원이 되고자 진로를 바꾸는 사례도 적지 않다. 해를 거듭할수록 경쟁은 치열해지고, 까다롭고 복잡한 선발 과정을 통과해야만 공무원이 될 수 있다. 하지만 공무원에 대한 시민들의 반응은 여전히 싸늘하다. 왜일까.

지금도 그러하지만 10년 전에도 '왜 공무원이 되려고 하는가?'는 면접 질문 1순위였다. 나 또한 이 질문에 답한 뒤 공무원이 될 수 있었다. 아마도 사명감, 봉사하는 마음으로 공정하고 투명한 사회를 이루는 데 기여하겠다고 말했을 테다. 어쩌면 이 한 몸 조국과 민족을 위해 바치겠다고 했을지도 모른다. 그렇게 1년이 지나고 3년이 지나고, 또 5년이 지나고 10년이 지나니 왜 그리 공무원이 되려고 애썼는지 기억은 희미해졌고 목에 걸린 공무원증에 더 이상 설레지 않는다.

공무원이라고 하면 정년이 보장되고 워라밸을 실현할 수 있는 직업이니 얼마나 좋으냐는 말을 듣지만, 공무원의 일상이 꼭 그렇지만은 않다. 여느 직장과 다르지 않게 때론 어둠 속에 퇴근해 별을 보고 출근하는 상황이 반복되기도 하고, 조직 내부에서 서로 다른 시선이 상대를 차갑게 파고들어 맹렬히 맞설 때도 있다. 하나의 정책을 두고 명분과 실리에서 의견이 대립하는 것은 일상다반사고, 자기 생각을 자유롭게 표현하고 상호 조정하는 과정을 거치지 못할 때면 영혼이 빠져나간 직장인이 된다. 또 선공후사(先公後私)라고 익히 들어 알고 있지만, 어느 단계의 공(公)이 어떤 수준의 사(私)에 우선하는 것인지, 공적인 업무의 범위는 어디까지인지 해석은 다르기 마련이다. 이런 갈등으로 상사, 선후배, 동료와 충돌이 늘어나면 '초심'은 나를 비추는 거울이 아니라 그들을 평가하기 위한 잣대가 된다.

그러던 어느 날, 한 통의 전화를 받았다. '공무원'의 일과 삶에 대한 이야기를 담아 보자는 출판사의 제안이었다. 결정할 시간을 달라며 전화를 끊고 나니, 공무원 생활의 속내를 들추어야 한다는 것과 스스로를 드러내기 조심스러워 하는 공무원 사이에서 인터뷰이를 선정하고 섭외하는 것, 너무도 다양한 공무원의 모습을 감히 내가 담아낼 수 있을지 걱정이 생겼다.

아니다. 10년 넘게 공무원으로 살았으나 내가 과연 공직이란 업에 대해 이야기할 자격이 있는가 하는 물음에서 맴돌았다. 나는 수학능력시험 성적에 맞춰 대학과 전공을 선택했고, 졸업 뒤엔 학점과 영어 성적표를 내밀며 대학원과 사기업을 기웃거렸다.

꿈에 대한 열정 없이, 업에 대한 간절함 없이 출퇴근을 이어가며 사람에게, 조직에게 그리고 나 자신에게 쓴맛을 보았다. 그렇게 도망치듯 빠져나와 작은 일이라도 사익이 아니라 공익을 위해 하고 싶다는 사명감을 스스로에게 불어넣으며 공무원이 되었다. 이것이 내 첫 마음이었다.

그런데 지금 와서는 공무원 시험 합격자 명단을 확인했을 때, 또 출근 날짜를 알려 주는 인사 담당자의 전화가 걸려 왔을 때 '초심을 잃지 않고 최선을 다하겠다'며 마음 깊이 새긴 다짐을 기억해 내는 데도 한참이 걸렸다. 그러나 한 번 다짐을 떠올리고 나니 두려움은 점차 옅어지고 대신 '내 삶에서 일은 어떤 의미일까?', '공무원으로서의 삶은 어떠해야 할까?'와 같은 질문이 머릿속을 맴돌았다. 스스로를 향한 질문은 이내 답을 찾고 싶은 갈망이 되어 툭 하니 내 속에서 튀어나왔고, 덥석 출판사에 전화를 걸어 책을 써 보고 싶다고 말했다.

이 책을 쓰기로 준비하면서 나는 종종 '왜 공무원이 되려고 했을까? 지금의 나는 그토록 꿈꾸던 공무원의 모습으로 보이는가? 내가 잘할 수 있는 일을 잘하고 있는가?'라는 질문에 포위되었다. 높은 직위에 올라 폭넓은 업무를 감당하며 깊은 책임감을 느끼지 않더라도 내가 옳다고 믿는 일을 꾸준히 추진하고, 그렇게 쌓인 작은 성과가 나와 내 가족의 성장으로도 이어지고, 국민의 행복과 국가의 존립에 내가 기여한다는 것을 느낄 수 있다면 어떨까.

책을 위해 만난 일곱 명의 젊은 공무원은 근무하는 기관, 담당 업무, 채용 경로, 직렬과 직급이 각각 다르다. 그들은 저마다 다른 이유로 공무원이 되었고, 또 다채롭고 개성 있는 모습으로 공무원의 역할을 수행하고 있다. 그들이 느끼는 고충과 갈등, 자신만의 색깔로 해법을 찾아가는 삶의 태도는 내게 새로운 눈을 갖게 해 주었다. 공직 생활과 삶의 양립으로 고민스러울 때, 딱딱한 관료 문화에 억눌리지 않고 경쾌한 자세로 업무를 처리하는 방법이 궁금하다면, 또 잊어버린 공무원으로서의 사명감을 다시 찾고 싶거나, 조직 내 차별과 편견을 돌파하고 스스로 가치를 입증하고 싶다면, 이 책에서 만난 젊은 공무원들을 통해 공무원이란 업에 대해 생기는 수많은 질문의 실마리를 찾을 수 있을 것이다.

어쩌면 인터뷰이의 이야기가 특정 부처와 직렬에 국한된, 혹은 개인에 제한된 것으로 보일지 모른다. 하지만 공직이란 무대에서 자신의 꿈과 존재 이유를 실현해 가는 일곱 명의 공무원을 만난 뒤 나는 공무원이 되려고 한 첫 마음을 되새겼고, 다시 한 번 가슴 뛰는 일상을 보내고 있다. 공무원을 꿈꾸거나, 나처럼 고민을 품은 공무원들, 이외에도 일과 삶으로 고민하는 많은 직업인들 또한 이 책을 통해 무언가 얻을 수 있기를 기대한다.

# 알고 보면 더 무궁무진한
# 공무원 세계

주민등록등본을 발급하고, 도로를 정비하는 것 같은 일상의 소소한 영역부터
사회의 근간을 이루는 법을 만들고, 나라의 안보를 책임지는 정책의 결정까지
공공의 손길은 깊고 넓게 뻗어 있다. 이런 업무를 수행하는 공무원의 세계 또한
사회에 존재하는 직업만큼 다양하고, 인체의 기능만큼 복잡하다.

　　인사혁신통계연보에 따르면 대한민국 총 공무원 수는 100만 명이 넘는다.
크게 소속으로 나누자면 행정부가 97.6퍼센트(국가직 61.6퍼센트, 지방직
36퍼센트)를, 사법부가 1.6퍼센트, 입법부가 0.4퍼센트를 차지하고 있다.

　　공무원은 보통 실적과 자격에 따라 임용되고 신분이 보장되며 정년까지
공무원으로 근무 가능한 '경력직 공무원'과 그 외 공무원을 말하는 '특수경력직
공무원'으로 구분한다. 여기서 더 상세하게 들어가면, 경력직 공무원은 기술·연구
또는 행정 일반 업무를 담당하는 '일반직 공무원'과 법관, 검사, 외무 공무원, 경찰
공무원, 소방 공무원, 교육 공무원, 군인 등 특수 분야 업무를 담당하는 '특정직
공무원'으로 나뉜다. 특수경력직 공무원은 선거로 취임하거나 임명 시 국회의
동의가 필요한 공무원, 고도의 정책 결정 업무를 담당하는 공무원 등을 일컫는
'정무직 공무원'과 비서관·비서 등 보좌 업무 등을 수행하거나 특정 업무를
수행하기 위해 법령에서 별정직으로 지정하는 '별정직 공무원'으로 구성된다.

　　행정부는 물론 입법부, 사법부, 헌법재판소, 중앙선거관리위원회 소속
공무원도 이러한 분류를 따른다. 하지만 세부 직군과 직렬의 구성 및 채용에서는
기관의 특성을 반영하므로 다소 상이하다. 외국인의 경우 국가안보와 보안에
관계된 직무에는 임용이 불가하며 외국인 교원과 같은 특정직 공무원이나 일반직
공무원(전문경력관, 임기제), 특수경력직 공무원으로 임용이 가능하다.

　　이 책에는 생활에서 쉽게 체감할 수 있는 업무를 담당하는 행정부 소속
공무원의 이야기를 담았다. 비록 입법부와 사법부 공무원의 모습을 소개하진
못했지만, 소속별, 직렬별 공무원 현황을 도식화하여 전체와 부분, 부분과 부분의
관계를 보여 주고자 했다.

# 대한민국 공무원 조직도

(단위:명)

| 소속별 | 행정부(국가) | 행정부(지방) | 입법부 | 사법부 | 헌법재판소 | 선거관리위원회 |
|---|---|---|---|---|---|---|
| | 669,077 | 390,773 | 4,735 | 17,865 | 334 | 3,065 |

| | 경력직공무원 | | 특수경력직 공무원 | |
|---|---|---|---|---|

| 직종별 | 일반직 공무원 | 특정직 공무원 | 정무직 공무원 | 별정직 공무원 |
|---|---|---|---|---|

| 외무 | 경찰 | 소방 | 검사 | 교육 |
|---|---|---|---|---|

| 직군별 | 행정직 | 기술직 | 연구직/지도직 | 관리운영직 | 우정직 | 기타 |
|---|---|---|---|---|---|---|
| 세부 직렬 | 행정, 세무, 검찰, 관세, 사서, 사회복지, 교정 등 | 공업, 농업, 시설, 전산, 간호, 식품위생, 환경 등 | 학예연구, 기록연구, 농업연구, 보건연구, 농촌지도 등 | 사무운영, 기계운영 등 | 우정 | 전문경력관, 일반임기제 등 |

| 입법부 | 일반직 공무원 | 행정직 | 기술직 | 연구직 | 관리운영직 |
|---|---|---|---|---|---|
| | | 행정, 속기, 경위, 사서 등 | 기계, 전산, 건축, 방송 등 | 자료조사연구, 예산정책연구, 입법조사연구, 기록관리연구 | 전기운영 등 |

| 사법부 | 일반직 공무원 | 사법행정직 | 기술심리직 | 기술직 | 연구직 | 관리운영직 |
|---|---|---|---|---|---|---|
| | | 법원사무, 등기사무, 조사사무, 사서 등 | 기술심리 | 기술조사, 기계, 토목, 화학 등 | 기록관리 | 건축운영 등 |

*참고: 국가(지방)공무원법, 2019 인사혁신통계연보

11

# 충주시청

## 조남식 주무관

## 조남식 주무관

청소년 시절 스스로 일정을 관리하면서까지 몰입해서 게임을 즐겼으나, 군대를 다녀와선 게임 미션을 처리하듯 수험서를 차곡차곡 습득하며 충청북도 지방공무원 공개경쟁임용시험에 합격했다. 충주시 홍보담당관실에 발령난 뒤, 포토샵의 기교나 유명 홍보대사의 출연 없이 파워포인트만으로 한 땀 한 땀 개성 있는 SNS 홍보 자료를 만들며 시민의 큰 호응을 얻었다. SNS로 들려오는 시민의 목소리에 새벽에도 답글을 올릴 만큼 능동적이고 신속하게 대응했고, 입소문을 타며 충주시 블로그와 페이스북은 전국 수많은 사람들의 눈을 사로잡았다. 또, 법령 속 '할 수 있다'는 조문에도 불구하고 선례가 없다는 이유로 소극행정을 하는 사람들 속에서 꾸준히 '할 수 있는' 방법을 찾아다녔다. 그런 과정에 그가 제안한 규제개혁안이 지방규제개혁 우수사례로 선정되어 대통령 표창을 받았다. 공직에 임한 지 이제 9년차, 주어진 업무만이 아니라 새로운 업무를 발굴하면서 그 자신과 조직을 한 단계 레벨 업 하는데 몰두하고 있다. 그러나 최근 자신이 성장하면서 배워 온 모범과 조직 생활에서 경험한 모범 사이에 커다란 괴리가 있음을 체감하고 있다. 그러면서 묻는다. 진정한 성공이란 무엇인지.

---

**충주시청 홍보담당관**

충주 하면 흔히 사과를 떠올리는데, 이는 일조량이 풍부하고 일교차가 큰 기후 여건 때문만은 아니다. 최근엔 'B급 감성'이라 불리는 독특한 콘텐츠로 사과와 옥수수 등 농작물과 지역 소식을 충주시 SNS를 통해 적극 홍보한 효과를 톡톡히 누리고 있다. 블로그, 페이스북, 인스타그램은 물론 7만 명이 넘는 구독자를 가진 유튜브를 통해 시민들과 소통하고 있다. 이런 인기는 중앙부처와 지자체에도 퍼져, 전국에서 충주시청 홍보담당관의 비법 전수를 요청하고 있다.

공직 생활 속
즐거움을 찾는
방법

'고구마'로 삼행시를 지어 본다면.

고: 고구마, 구: 구우면, 마: 마시쩡.

고: 고구마, 구: 구운 거 싫으면, 마: 마탕(맛탕)?

　　충주시에서 고구마 축제를 준비하며 페이스북에 올린 홍보 문구다. 옥수수 이벤트에는 홍보담당과장의 사진을 공개하며 '담당자의 옥수수를 털어 여러분의 복지를 세우겠다'는 놀라운 공약을 게재했다. 이후 충주시 페이스북은 기존 지방자치단체 SNS에서는 볼 수 없던 참신함과 유머로 이목을 끌었고, 구독자와 방문자 수가 1년 만에 두 배 이상 증가했다. 변화의 출발선에 홍보담당 조남식이 있었다.

　　인터넷을 배회하다 우연히 충주시 SNS를 보았다. '공무원이 이렇게 일할 수도 있구나' 하는 생각에 다짜고짜 이메일로 인터뷰를 요청했고, 그는 흔쾌히 만남에 응해 주었다. 그를 만나러 가는 길, 같은 충청북도 권역인 충주시와 청주시가 헷갈려 잠시 곤혹스러웠는데 조남식의 홍보 덕분에 말끔히 해소되었다. 충주시 페이스북에 검정 바탕색과 대비되는 노란색 궁서체로 박힌 '충주시는 충성할 때 충!'이란 문구를 소리 내어 읽는 순간 충주시가 또렷이 다가왔기 때문이다. 독특한 시선으로 강렬한 인상을 남기는 조남식, 이러한 감성은 어디에서 비롯되었을까?

　　조남식은 세 살 무렵 아침마다 동네 골목을 지나는 트럭의 웅장함에 사로잡혀 쓰레기 수거차 운전사가 되고 싶었다. 집 앞

하수관 공사가 진행되자 포크레인 운전사로 꿈을 바꾸었다. 학교에서 친구들과 어울리면서는 과학자를 꿈꾸었고, 초등학교 6학년이 되어서는 진지하게 게임 제작자가 되기로 마음먹었다. 중학생 때에는 월간, 주간, 일간 계획표를 작성해 게임을 했다. 한 단계씩 미션을 수행하며 게임 레벨을 높여 가다, 급기야 새로운 형태의 게임을 상상했다. 그러나 고등학생이 되어 게임과 멀어지고는 직업으로 선생님과 공무원을 고민했다. 교직을 위해 국어국문과에 지원했지만, 졸업 후 군대 생활이 끝날 즈음 공무원이 더 재밌겠다는 끌림에 수험 생활을 시작했다.

## 수험 준비는 게임을 하듯이

조남식은 대학 시절 학군장교(ROTC)였다. 대개 재학 중에 군복무를 마치고 취업을 준비하는 친구들과 달리, 그는 졸업 후 군에 입대했다. 대학 진학에서 군 입대까지, 쉼 없이 달려왔기 때문일까. 전역 뒤 처음으로 그 어디에도 소속되지 않은 시간을 보내며, 망망대해에 표류하는 기분을 느꼈다.

"학군단 동기 대부분이 전역과 동시에 취직했습니다. 연봉이나 회사 생활을 들으면 조금 위축되기도 했습니다. 그래서인지 더 집중해서 공무원 시험을 준비할 수 있었던 것 같아요."

공무원 시험 준비를 위해 처음 수험서를 검색한 때로부터 6개월 만에 그는 구입한 모든 수험서를 덮었다. 군 생활을 마친 직후라 체력도 충분했고 정신력도 남달랐다고 말했지만, 분명 6개월이란 짧은 수험 기간에 합격한 것이다. 학원에 다니거나 동영상 강의를 듣지 않고 방에서 홀로 기본서와 문제집만으로 공부한 그의 학습법은 이러했다.

우선 인터넷으로 여러 사람의 합격 수기를 찾아 가장 많이 보는 수험서를 선택했다. 합격생들이 책 한 권당 평균 일곱 번을 봤다니, 그는 아홉 번을 목표로 삼았다. 목표로 하는 시험의 필기 시험 일정을 확인하고 남은 수험 기간을 계산했다. 시험까지 남은 시간은 180일. 기본서 공부에 130일, 문제집 풀이에 30일, 마지막 정리에 20일을 배정했다. 주문한 책이 도착하자 모두 펼쳐 마지막 페이지에 9를 곱하고 이를 할당된 기간으로 나눴다. 매일의 학습량을 산정한 뒤 A4용지의 가로와 세로에 각각 날짜와 과목명을 적어 일별, 과목별 진도를 정리했고, 계획대로 추진했다.

이처럼 전체 학습량을 정하고 세분하여 주 또는 하루 단위로 가시화해 실행하는 것은 목표 달성에 도움이 된다. 하지만 매일 같은 시간을 투자하더라도 학습량에는 차이가 생긴다. 특히 초반과 종반의 구별 없이 균등하게 배분하여 계획을 세웠다가는 자칫 초기 학습량의 무게에 짓눌릴 수도 있다. 첫날부터 목표 달성에 실패하거나 달성 못한 부분이 차곡차곡 쌓여 벽을 만들기 시작하면 '나는 누군가? 여긴 어딘가?'란 생각에 슬슬 다른 길을 찾아볼까 하는 궁리까지 하게 된다. 그도 초기에는 하루 열 시간 이상 공부해야 하는 목표에 고전했다.

"오래 앉아 있다 보니, 언제 이렇게 몰두해 봤던가 하는 생

충주시청 조남식 주무관

각이 들더라고요. 그러다 중학생 때 온라인 게임을 온종일 신나게 했던 것이 떠올랐어요. 게임 결과에 따라 레벨이 상승하거나 포인트를 획득하며 뿌듯해하던 장면이요. 그때 엄청 몰입했거든요."

조남식은 일일 계획을 게임 미션으로 치환했다. 처음엔 나와 적의 구분은커녕 조작 버튼도 익숙하지 않아 1단계조차 통과하지 못했지만, 나만의 기술을 익히고 상대의 공격을 방어하며 한 걸음씩 나아갔다. 점차 가속도가 붙어 레벨 업 기간이 단축되듯이, 멀어지던 목표 학습량과 실제 학습량의 거리도 좁혀지기 시작했다. 텔레비전을 보거나 간식을 먹으러 자리를 뜨는 자신을 단속하기 위해 방문에 '앉아!'라는 쪽지를 적어 붙였고, 초시계로 시간을 측정하며 학습의 양과 밀도를 탄탄하게 채웠다. 6개월이 지나 시험일이 다가왔을 때 하루 공부 시간은 열네 시간이 되었고, 2012년 제1회 충청북도 지방공무원 임용시험에 합격했다.


공무원이란 캐릭터로 시작한 인생이라는 게임

조남식은 2012년 8월 실무수습으로 충주시청 하수처리과에서 일하다가 2013년 1월 엄정면사무소에서 공직 생활을 시작했다. 2015년 7월 다시 충주시청 창조정책담당관실로 자리를 옮겨 규제개혁을 담당하며 두각을 드러내기 시작했다.

공장에는 비를 막고 낙하물 충격을 방지하기 위해 캐노피라는 소형 지붕을 설치한다. 캐노피를 여유롭게 설치하면 좋지만, 캐노피가 건축물 벽면에서 1미터를 초과하면 건축물 면적에 포함되기 때문에 향후 건물 증축이나 개축을 고려하면 설치 면적을 고민하게 된다. 그는 이러한 기업의 애로사항을 파악해 산업단지 내 공장에 국한하여 캐노피를 2미터까지 설치할 수 있도록 완화하는 법령 개정을 추진했다. 또 곤충산업 법령에 명시된 곤충사육업과 곤충사육장의 개념을 명확히 하고 곤충사육업 신고 때 모든 허가를 한 번에 받을 수 있도록 제도를 개선했다. 두 사례는 각각 2017년과 2018년 충청북도 규제개혁 우수사례 경진대회에서 1위를 차지했고, 조남식은 지방규제개혁 유공자로 대통령 표창을 수상했다. 그는 준비된 공무원일까, 아니면 숨겨 둔 비법이 있는 걸까.

"솔직히 저는 직장 생활을 취미처럼 생각해요."

회사를 취미로 다니고 싶다는 생각은 해 보았지만, 정말 취미처럼 일한다는 사람을 만날 줄은 몰랐다. 로또에 당첨된 것도 아니고, 10년 치 연봉만큼 상속세를 내야 하는 금수저도 아닐 터. 세상에 공개된 급여표에 따라 월정액을 받으며 겸업도 할 수 없는 공무원이 직장을 취미로 다닌다니.

"중학교 무렵 했던 게임에는 레벨마다 무찔러야 하는 상대나 해결해야 할 문제가 있었어요. 우리가 지금 하는 일에도 그런 미션이 있고, 이를 깔끔하게 해결하면 묘한 쾌감이 있습니다. 그런 의미에서 일은 즐거움을 주는 취미와 같아요."

몰랐다. 경제적 고려가 아니라 현실과 일을 대하는 태도의 변화만으로 회사가 즐거운 곳이 될 수 있다는 것을. 하지만 오늘

충주시청 조남식 주무관

도 나는 마주 앉은 동료들과 입장이 엇갈리고 생각이 부딪혀 난처해하다 결국엔 조용한 곳에 숨어 홀로 씩씩거린다. 직장 생활은 매번 성공만 할 수 있지도 않고, 성과 없는 과정이 지난하게 반복되기도 한다. 무한 반복되는 생활 속에서 헤매는 스트레스를 그저 한 차례의 게임 오버로 여길 수 있다면 어떨까. 조남식은 스스로 '공무원이란 캐릭터로 인생이란 게임을 하고 있다'고 말한다.

조남식이란 캐릭터가 널리 알려진 것은 홍보담당관실에서 SNS 업무를 담당하면서다. 규제개혁 업무를 하다가 갑자기 '뉴미디어 시대에 SNS로 충주시를 알려라'는 미션을 받고 부서를 이동했다. 중앙행정기관을 비롯해 공공기관에서 운영하는 소셜 미디어는 굳이 게시자를 확인하지 않아도 딱 보면 알 수 있다. 쌍방향을 지향하지만 화자는 여전히 한쪽으로 고정되어 있고, 고리타분하다고 할 순 없지만 세련되지도 않은 어정쩡함이 도드라진다. 그 속에서 조남식은 단순한 도형과 원색만을 활용해 눈에 띄는 디자인을 고안했다. 덧붙여 편안한 말투와 애드리브로 그는 일약 유명 인사가 되었다. '옥수수, 이제는 털지 말고 잡수세요'라는 문구로 지역 옥수수를 홍보한 SNS 페이지는 전국에서 100만 명이 넘는 시민이 보았다. 이외에도 그가 기획한 홍보물은 '지자체에서 감히', '정말', '어떻게'라는 말이 절로 나올 정도로 신선하다. 나라면 그런 아이디어를 착안하지도, 디자인으로 구체화하지도 못했겠다. 행여 도안을 만들었더라도 산 넘어 산인 보고 과정에서 너덜너덜해질 것을 예상하며 지레 멈추었을 것이다. 그는 어떻게 그러한 기획을 공공연히 SNS에 퍼트릴 수 있었을까.

"SNS는 속도가 생명이어서 일반 행정 처리 과정으로는 대응하기 어려워요. 중간 보고와 결재는 생략했고, 사후 결과를 보고하는 형식으로 진행했습니다. 중간중간 '잘되고 있어?' 물으시면 '네. 잘되고 있습니다'라고 답했어요."

하지만 상급자의 사진을 넣은 홍보물을 게재할 땐 조심스러웠다. 직속 상사는 담당 과장의 얼굴이 드러나는 것은 너무 나갔다며 다른 방법을 찾도록 제안했다. 며칠 뒤 조남식은 직접 과장을 찾아가 필요성을 설명하고 허락을 받았다. 결과는 해피 엔딩. 이후에도 하나둘 그의 작품이 시민의 시선을 사로잡으면서 걱정하던 상사의 모습은 신뢰와 응원으로 바뀌었다. 만약 시민의 반응이 저조했거나 역효과가 나타났어도 그의 행동을 시행착오라며 격려했을까? 어쨌든 휴, 다행이다.

## 다시 중2가 되는 시기

사춘기. 육체적, 정신적으로 성인이 되어 가는 시기다. 표준국어대사전에는 15세에서 20세까지라고 하지만, 사춘기라면 '중2병'을 떠올리는 요즘 12세에서 16세까지라는 고려대 한국어대사전의 정의가 더 정확해 보인다. 어쨌든 체격이 커지는 것은 물론이고, 삶에 대한 자신만의 시선이 생기며 기성세대의 기준과 충돌하면 침묵, 불응, 이탈 등 온몸으로 거부하는 모습이 나타나기도 한다. 상하좌우를 가리지 않고 이어지는 충돌을 겪으며, 끝날 것 같지 않던 어둠의 터널을 지나 마침내 성인이 된다. 하지만 우리가 지나온 꽃피는 봄이 한 번이 아니듯 인생의 사춘기 또한 한 번이 아니다.

공무원으로 임용되면 우선 담당 업무와 현장 분위기를 익히고 동료와의 거리를 좁혀 가느라 여념이 없다. 그러다 누구는 자신도 모르는 사이 사내 문화에 길든다. 조직에 대한 애증이 쌓인지 5년이 될 무렵, 이미 열 번이나 바꾼 보고서를 두고 상사 앞에서서 영혼이 탈탈 털린 적이 있다. 내상을 치유하기 위해 퇴근 후 음주를 택한 나는 밤이 깊어갈수록 또 다른 내상에 시달렸다. 다음 날 출근길. 몸은 무거웠고 습관의 힘에 의지해 버스에 올랐다. 눈을 감고 부러져라 목을 흔들다가도 하차 정류장에서 정확하게 눈을 뜨는, 나도 몰랐던 신기한 내 능력을 보고서 '나는 누군가, 여긴 어딘가' 하는 고민을 시작했다.

조남식은 입사 7년 차에 나와는 결이 다른 이유로 사춘기를 맞았다. 관행이라 불리는 것을 개선하고자 건의했더니 그를 잔잔한 수면에 돌을 던지는 철없는 아이로 치부한 조직의 시선 때문이었다.

"중앙부처에 규제개혁을 건의한 적이 있어요. 얼마 뒤 사무실로 전화가 왔는데, 제게 공무원이 익명에 기대어 이러면 어떡하느냐는 식으로 말하더라고요. 저의 제안은 법령 개선이 아니라 인허가 사항이니 취하하라면서요. 문득 제가 고질 민원인이 된 것 같은 느낌이었어요."

그는 규제개혁으로 대통령상까지 받았지만 처음부터 순조롭게 인정받은 것은 아니다. 캐노피에 대한 제안은 사전 심사에서 여러 번 탈락했다. 안건을 제출하면 상급기관에서 검토하는데, 수차례 설명했지만 외면 당했다. 이후 담당자가 바뀌면서 중요성을 인정받아 심사대상에 포함되었고 충청북도를 대표하는 사례로까지 선정된 것이다. 애써 담담한 목소리로 나열하는 그간의 에피소드를 들으니 그가 받은 상은 규제개혁의 내용이 아니라 중단하지 않고 끝까지 추진한 결과에 대한 보상이었을 것 같다.

조남식은 엄정면사무소에서 충주시청으로 자리를 옮겼을 때 '한가위' 같은 과장을 만났다. 보름달처럼 넉넉한 마음을 가져서가 아니라 목표가 100이면 성과로 정확히 100을 원하는, 그래서 더하지도 덜하지도 않다는 뜻에서 한가위 같은 분이란다. 기대치가 높아 '다시'를 반복하며 끊임없이 죄어 오는 상사가 아니라 선호할지 모른다. 하지만 99도 아니고 101도 아닌 딱 100을 달성하는 것은 출발부터 난코스다. 목표에 대한 공감대 형성은 물론이고, 정량화하기 어려운 목푯값에 대한 눈높이를 동일하게 맞춰야한다. 게다가 목표에 이르는 과정을 공간과 시간으로 쪼개어 각자의 위치와 역할이 무엇인지 명확히 해야 한다. 그러나 누구 하나속 깊이 이해하고, 속 시원히 설명하지 않는다. 꾸역꾸역 초안을 만들어 일을 추진하기 시작하면 숨어 있던 다양한 시선이 갑자기 나타나 기안자를 당황하게 만든다.

"그럴 때면 제 기준을 다시 생각합니다. 어디서 무엇이 다른 지를 확인하죠. 이런 고민을 하던 저에게 한 선배가 '각자 다른 생각을 할 수 있어. 그럼에도 네 길을 가야 하고, 가는 것이 힘들겠지만 그것이 너의 잘못은 아니야'라고 했어요. 정말 고마웠어요."

조직의 일원은 보통 3년 주기설을 따른다고 한다. 3년, 6년, 9년 차가 되면 몰입도가 떨어지고 익숙함에 젖어 습관처럼 생활하다 업무도 근무지도 바꾸고 싶어 옮길 곳을 알아본다. 여기에다 상하관계, 그리고 동료, 부서, 부처 간 '우리'라는 연결고리가 '너'와 '나'로 분절되는 순간을 경험하면 조직 내 사춘기는 극에 달한다. 이렇듯 업무 또는 관계가 얽혀 버린 상황에 놓일 때면 조남식은 스스로에게 당당한 방법을 선택하기로 했다.

"고민이 돌고 돌지만 마지막에는 저의 생각과 행동이 선배와 동료, 가족과 저에게 부끄럽지 않은지 자문하게 되더라고요."

### '할 수 있다'를 하기 위한 용기

공무원은 법률과 명령(대통령령, 총리령, 부령)에 따라 일한다. 이러한 법령에는 '지원하여야 한다', '공표하여야 한다', '실시하여야 한다'와 같이 다양한 형태의 '하여야 한다'가 있다. 어떤 조치인지 어느 정도의 지원인지를 판단해야 하지만, 하위규정에서 그 범위를 규정하고 있어 담당자는 이를 따르면 된다. 이에 못지않게 법령에 자주 등장하는 문구가 있는데, 바로 '할 수 있다'이다. '실시할 수 있다', '위탁할 수 있다', '설치·운영할 수 있다', '지원할 수 있다', '보조할 수 있다' 등 수많은 '할 수 있다'가 있다. 하지만 '할 수 있다'

고 쓰여 있다고 해서 어떤 상황에서 또 누구나 실행하는 것은 아니다.

공직 사회에서 '열심히 일한 공무원이 징계를 더 많이 받는다'는 것과 '중간만 해라'는 말은 격언처럼 회자된다. 그러니 '할 수 있다'를 읽고 '안 할 수도 있다'로 해석해 실제 추진되던 일을 멈추기도 한다. 이를 두고 누구는 공무원은 영혼이 없다며 공무원(公務員)을 공무원(空無員)이라 쓴다. 소극행정과 무사안일, 복지부동을 줄이고자 2009년 감사원에서 적극행정 면책제도를 도입해 2015년 법제화했다. 2018년에는 적극행정지원단을 신설해 사전컨설팅을 실행하고 있지만 조직 내 상사와 동료 그리고 나는 여전히 '할 수 있다'를 읽고서도 할 수 없는 수많은 이유를 찾아낸다.

법령에 따른 일만이 아니라 업무 처리 체계에서도 마찬가지다. '이렇게 할 수 있다면 더 효율이 좋을 텐데' 아이디어가 떠오를 때가 있지만 예전부터 해 오던 관례가 있다. 조남식이 처음 충주시청 SNS를 담당할 때도 선임자의 운영 방식이 있었다. 젊은 감각으로 신선한 시도를 해 기대 받았다고 하지만 포토샵에도 능숙하지 않았고, 초상권이나 저작권 문제로 유명인의 사진과 동영상을 활용하기도 여의치 않았으니 선임자처럼 해 볼까 하는 마음을 품었을지도 모른다. 그러나 고민 끝에 그는 파워포인트의 기본 도형 기능을 이용해 단순하면서도 강렬한 포스터를 만들기로 했다. 깔끔하게 마감된 것이 아닌 B급 정서가 물씬 나는 디자인으로 들이밀었다. 전문가의 손길이 느껴지는 세련됨은 아니지만 한 땀 한 땀의 정성이라면 뒤지지 않을 우직함을 담았다. 혹자는 시청 이미지를 저급하게 만들고 웃음거리가 될 거라 걱정하며 '가만히 있으면 중간이라도 갈 것을……' 하며 끌끌 혀를 찼겠지만, 그는 온라인에 게재했다. 한 걸음씩 나아가자 그의 독특한 홍보물은 시민의 취향을 저격하며 시선을 끌었고 SNS 공유를 통해 확산되었다.

주위를 돌아보면 조남식과 반대의 결과를 더 자주 만난다. 그럴수록 해 보려는 도전마저 자취를 감추게 되는데, 이를 보는 시민의 마음은 어떨까.

"어떤 분이 사업을 시작할 때 '꼭 천수답(天水畓)에 단비를 바라는 마음으로 적극적인 공무원을 만나기를 바란다'는 말을 하셨어요."

그 후 조남식은 산꼭대기에 올라 오로지 하늘에서 내릴 빗물만 기다리는 천수답이 된 민원인을 생각한다고 했다. 할 수 있다는 것을 하는 데도 이렇듯 다짐과 용기가 필요하다.


내 삶을 구성하는 또 하나의 퍼즐 조각, '조직'

"지금 엄청 바쁜 당신에게 옆자리 동료가 도와 달라고 하면 어떤 일을 먼저 할 건가요?"

임용시험 때 면접관으로부터 받은 질문이다. 이에 조남식은 먼저 동료를 돕겠다고 했다. 자기 일은 속도 조절이 가능하지만 동료의 협조가 필요한 종합 업무는 한 개인으로 인해 자칫 전체가 지연될 수 있기 때문이라며 말이다. 면접관은 자신이 맡은 일이 시급해도 그럴 수 있겠냐며 몰아세웠고 그는 자신의 상대적 위치와 역할을 파악한다면 결국 내 일도 조직이란 큰 그림의 한 부분으로 봐야 한다며 응수했다.

그는 임용된 뒤 실제 협업 과정에서도 그렇게 행동했다. 예를 들어 5월 2일 발신한 문서에 5월 10일까지 자료 제출을 요청했다면, 즉시 보낼 수 있는 자료여도 종합하는 담당자를 생각해 이르지도 늦지도 않은 8일이나 9일에 보낸다. 자료의 양과 질도 상대의 기준에 맞추고, 특히 작성 양식은 변경하지 않는다. 여기에 시민들의 불편사항을 챙겨 가며 규제를 개선하고, 같은 눈높이로 소통하며 홍보하는 데 두각을 나타내는 모습을 보니 고개가 끄덕여진다. 살짝 일 중독이 아닐까 하는 생각마저 들었다.

그러나 나는 눈에 보이지 않는 조직을 총체로 하여 개인을 이를 위한 하나의 퍼즐로 보는 인식에는 동의하고 싶지 않다. 잠깐 쉬었다가 이어진 대화에서 그의 초과 근무 실적을 듣고 놀랐다. 6년 연속으로 부서 내 꼴찌를 기록하고 있다. 정시에 퇴근하여 6시 20분이면 귀가해 아이들을 돌본다. 종종 먼저 퇴근할 때 뒤통수가 따끔거리지만 업무 활동과 성과에 자신 있어 괜찮다고 했다.

"연초가 되면 1년 목표를 세우잖아요. 그동안은 조직에서 하고픈 업무와 영어 공부가 주였고 가족에 관한 목표는 아예 없었어요. 올해는 아내와 근사한 레스토랑에서 식사하기, 뮤지컬 공연 보기, 집에 가면 핸드폰 안 하기, 아이들과 눈맞춤 자주 하기 등을 목표로 세웠어요."

충주시청 조남식 주무관

조남식은 아이들이 잠드는 밤 11시에 함께 잠드는 편이라 부부 간 대화 시간이 부족하다 싶으면 가끔 부모님 찬스를 쓰며 둘만의 데이트를 한다. 함께 맛있는 음식을 먹으러 다니고, 또 남편은 아내를 위해 노래를 부르고 아내는 남편의 노래를 들으며 서로의 편이 되어 준다.

나는 거창하게 국가와 민족을 위한다고 말하지 않지만 하루에 최소 여덟 시간은 조직의 일원으로서 최선을 다하고자 한다. 그렇게 급여를 받고 생계를 유지한다. 인사고과에서 높은 순위로 평가 받고 더 빨리 승진하려면 더 많은 시간을 투자하거나 더 깊이 몰입해 성과를 창출해야 한다. 하지만 공직에서의 성과가 철저히 조직의 기준에서, 때로는 지극히 개별적인 상사의 시선에서 평가되는 경험을 하면 형체를 알 수 없는 조직에 나의 삶이 매몰되는 기분이 들기도 한다.

하지만 조직에 몰입하면서도 가족과 함께하는 일상을 삶의 목표로 세운 조남식을 보며, 인생에서 조직 또한 하나의 퍼즐일 수 있음을 알았다. 일뿐만 아니라 가족과 자신에게도 초점을 맞추는 삶. 조직에서의 나, 가정에서의 나 그리고 나로서의 나까지 들여다볼 수 있는 삶이라면 조직 생활을 내 삶 속 하나의 퍼즐로 품을 수 있겠다.

이어서 조남식은 조직에 대한 생각의 변화를 덧붙였다.

"전 처음에 공무원이면 다 같은 공무원인 줄 알았어요. 국가직과 지방직이 있고, 또 일반행정직, 시설직, 농업직, 해양수산직,

교육행정직 등등 다양하게 있더라고요. 부모님 두 분 모두 일반행정직이어서 그런지 너무 몰랐죠."

이랬던 그가 하수처리과에서 수습 기간을 보내며 사람이 사는 곳이라면 물이 안 들어가는 곳이 없고, 여기서 생기는 하수를 처리하려면 화공, 전기, 공업 등 대부분의 기술직이 함께 어우러져야 함을 알게 되었다고 한다. 내리쬐는 햇볕 아래 길을 가다 가로수에 달린 물주머니를 보면 가뭄에 대처하는 녹지직의 수고로움을 헤아린다고 했다.

우리는 너와 내가 다르다고 안과 밖을 구분하며 선을 긋지만, 부서를 옮기거나 직면한 상황이 변하면 알게 된다. 나도 그가 되고, 그도 내가 된다는 것을. 조직과 가정도 모두 내 인생의 '안'이기도 하고 '밖'이기도 하다는 것을. 그 속에서 당신만의 일과 삶의 의미, 즐거움을 찾을 수 있기를 바란다.

# 윈윈 전략,
# 제안 제도와 규제개혁

## 1. 제안 제도와 규제개혁은 무엇인가?

시민이나 공무원이 제안한 창의적인 의견을 반영하여 행정 운영의 능률과 경제성을 높이자는 것이 제안 제도이고, 불합리한 법령이나 행태를 개선하는 것은 규제개혁이다. 이는 공무원의 역할이기도 하지만 국민 생활을 이롭게 하기 위한 것이기에 시민들은 생활 속에서 느끼는 불편함을 직접 정책 제안과 규제개혁 사항으로 요청할 수 있다. 제안 제도와 규제개혁은 근거 법령이 다르지만, 현실보다 더 나은 개선 방안을 찾아서 제안한다는 점에서 맥락이 같다. 급변하는 시대에 따라가지 못하는 행정 규제가 신산업 성장 등 국민 생활과 경제 발전에 장애 요인으로 작용하면 안 된다는 점이 중시되어 규제개혁이 더 자주 회자되고 있다.

## 2. 우수사례로 선정되는 노하우가 있는가?

모든 공모나 평가는 목적이 있다. 그 목적에 부합할수록 선정될 가능성이 커질 것이다. 그러려면 기본에 충실해야 한다. 대개 현황, 문제점, 개선 방법, 기대 효과의 순서로 제안하는데, 문제의 심각성을 짚을 때 통계, 연구 논문 등의 구체적이고 합리적인 근거가 수반되어야 한다. 거기에 국민 경제 활동에 미치는 극적인 개선 효과까지 제시하면 그 제안은 설득력을 지닌다.

규제나 제안 사항을 발굴해 제도 개선을 요청하면 각 소관부처에서 이를 검토한다. 특히 규제개혁 사례는 법령 개정을 동반하는 경우가 많아 3~4년 이상 걸리기도 하니 지구력이 필요하다. 내가 2016년 규제개혁으로 건의한 사항은 2018년에서야 수용되었고, 우수사례로 제출해서 평가 받은 것은 그 이후이니 시간이 오래 걸리더라도 조급해하지 않아야 한다.

### 3. 우수사례로 선정되면 받는 혜택은 무엇인가?

법령에 따르면 제안 제도나 규제개혁 우수자에게는 특별승진, 특별승급과 같은 인사상 혜택이나 상여금 같은 경제적 보상을 할 수 있다. 하지만 '할 수 있다'는 조항으로 인해 지자체에서는 소극 해석하는 경우가 많다. 그러다 보면 혜택은 중앙부처에서 수여하는 상장이나 상금에 그치게 된다. 재량권이 이런 현상을 초래하는 것 같다. 소극행정으로 국민이 할 수 있는 것, 누릴 수 있는 것을 할 수 없게 되는 경우가 생기는 것처럼 말이다. 관심을 갖고 보면 이런 것이 제안이나 규제개혁의 대상이다. 그래서일까. 최근에는 소극행정에 대비해 '적극행정'을 강조하며 우수사례를 선발하는 방향으로 조금씩 변하는 것 같다.

### 4. 변화와 개선을 도모하는 동료들에게 전하고 싶은 말은?

제안 제도나 규제개혁은 분명 우리 사회를 보다 낫게 하는 제도다. 그러니 공무원이 앞장서야 한다. 게다가 경진대회가 많아 포상을 받는 등 부가 혜택이 따라오기도 한다. 또 여러 행사에 참여하다 보면 다른 기관의 공무원과도 교류할 수 있어 공직 생활과 개인 삶에도 좋은 자극이 된다. 그러니 적극 참여하기를 바란다.

다만, 제안의 필요성과 파급 효과를 꼼꼼히 살펴 보기를 당부한다. 나는 최근 감사담당관 조사팀에서 고충 민원을 담당하고 있는데 간혹 꾸준히 집요하게 민원을 제기하는 분들이 있다. 주장에 쉽게 공감하기 어려운 민원을 검토하면서 내 제안도 검토하는 담당자에게 부담일 수 있겠다는 생각이 들었다. 자칫 세심하게 검토하지 않고 두루뭉술하게 주장만 담은 생각은 누군가에게 부담으로 작용할 수 있다.

---

※ 참고

국가공무원법 제53조(제안 제도), 공무원 제안 규정(대통령령), 공무원 제안 규정 시행규칙(행정안전부령), 행정규제기본법 및 같은 법 시행령
규제정보포털 www.better.go.kr

※제안 제도와 규제개혁 참여

국민신문고 www.epeople.go.kr, 규제개혁신문고 www.sinmungo.go.kr

# 한강홍수통제소

# 김휘린 연구사

## 김휘린 연구사

　서울에서 14년간 연구사(6급 상당)로 근무하던 김휘린은 2019년 8월부터 스위스 제네바에서 국제기구의 과장(3·4급 상당)으로 일하고 있다. 전 세계 수문(水文) 전문가들과 경쟁하여 아시아인으로 또 여성으로는 최초로 세계기상기구의 수자원과장으로 선발된 것이다. 그에게 붙은 '최초'라는 수식은 명예로움과 함께 그간의 고단함을 짐작하게 한다. 그는 한강에 호우주의보가 내리면 밤낮없이 비상상황실로 달려가, 홍수로 인한 피해가 생기지 않도록 더 빨리 분석하고 더 멀리 예보하려 한다. 기초자료의 신뢰성을 높이고자 품질 관리를 하고 급변하는 기상에 신속히 대응하고자 홍수 예보 마스터플랜을 마련하는 작업에 참여하기도 했다. 하지만 중심에서 밀려나는 소외감, 성과에 대한 부서 내 저평가, 여성이라는 편견으로 쉽지 않은 공직 생활을 보내야 했다. 그러나 이러한 상황에서 성실함과 노력으로 꾸준히 성장했고 이제 그 앞에 국제 공무원으로서의 역할이라는 새로운 도전이 기다리고 있다. 서울에서 시작해 전국을 누비던 그는, 스위스 제네바에서 시작해 전 세계를 돌며 활약할 것이다.

---

**환경부 한강홍수통제소**

홍수통제소는 전국을 대표하는 4대강인 한강, 낙동강, 금강, 영산강에 총 4개소가 있다. 이 중 서울시 서초구에 위치한 한강홍수통제소는 수도권과 강원도 등 한강권역의 홍수와 갈수 예보를 담당하며 시민의 생명과 재산을 보호하는 역할을 하고 있다.

# 세계 속으로 뛰어든
## 비를 쫓던 소녀

비가 내린다. 마음을 잔잔하게 만드는 음악을 들으며 카페에서 차를 마시지 않아도, 젖은 옷을 벗어 두고 옹기종기 모여 김치전을 먹지 않아도 좋다. 비가 창에 부딪혀 만드는 흔적을 보며 누군가와 도란도란 이야기를 나누는 것만으로도 일상에는 행복이 번진다. 그런데 갑자기 폭우가 쏟아지고 강풍까지 더해진다면 어떨까.

요즘은 "전국이 오전에는 흐리다 오후부터 비가 내리겠습니다"라는 전국을 대상으로 하는 기상 캐스터의 예보를 듣기 힘들다. 어느새 시·도 단위가 아닌 생활권역인 동네를 대상으로 한 기상청 예보가 익숙하다. 이렇게 발전한 기술로도 예측하지 못한 집중호우가 종종 발생한다. 대비할 여유도 없이 덩어리로 떨어지는 비는 처음엔 물길 따라 흐르다 병목 구간을 만나면 옆으로 터지고 위로 솟구친다. 특히, 제방을 범람하는 홍수로 이어지면 오랜 시간 정성 들여 일군 재산과 소중한 생명을 잃게 된다.

실시간 검색어 1위에 '태풍'이 자리한 날, 김휘린을 만났다. 태풍 다나스가 한반도를 향해 다가오면서 제주는 거센 바람과 폭우가 몰아쳤다. 아직 서울엔 회색 구름만 오갈 뿐이지만, 그는 기상청의 특보 발효를 예의 주시했다. 호우주의보가 발령되는 순간, 인터뷰를 중지하고 비상근무를 해야 하기 때문이다.


일터에서 지치는 이유, 학연이나 지연보다 강한 '흡연'

김휘린은 대학에서 해양공학을, 대학원에서 수문학과 수자원공학을 전공한 뒤 줄곧 수자원 분야에서 일하고 있다. 정부

출연연구소인 한국건설기술연구원 수자원연구부에서 근무하다가 2005년 건설교통부에서 물 관리 전문 인력 확보를 위해 연구직 공무원 특별채용을 추진하자 응시해 공무원이 되었다. 그리고 14년째 한강홍수통제소에서 근무하고 있다.(인터뷰 당시) 전국 수자원 관련 정보를 수집, 관리하고 홍수와 갈수 예보 기술을 개선하는 수자원정보센터에서 일하다가 얼마 전 한강유역의 홍수와 갈수 예보를 담당하는 예보통제과로 부서를 이동했다.

연구 문화에 익숙했던 그는 공직에 들어와서 어떤 느낌을 받았을까. 밤낮으로 연구에 몰입하는 동료들의 모습에 사명감이 샘솟았을까. 아니면 연구 성과에 대한 중압감에서 벗어나 소위 철밥통, 정시 퇴근이라 불리는 공직 문화에 미소 지었을까. 그것도 아니면 물건 하나를 구매할 때도 거듭되는 행정 절차에 답답했을까.

그가 공무원으로 처음 일한 수자원정보센터는 신생조직이었다. 하지만 부서원은 모두 수자원 분야를 일정 기간 이상 연구한 경력자였다. 공학을 전공했던 대학 시절도, 남성이 월등하게 많았던 이전 직장도 군대 같은 조직 문화였기에 공직 생활에 적응하는 건 어렵지 않았다. 다만……

"시간이 지날수록 정체된 조직 안에서 일어나는 편 가르기와 공론화 과정이 필요한 사안을 술 마시고 담배 피는 이들만의 영역에서 결정하는 행태, 그 자리에 함께하지 않은 사람을 향한 뒷담화가 오히려 더 힘들었어요."

혈연, 지연, 학연으로 서로 뭉치고 돕는 것이 만연했던 시절이 있었다. 정도와 빈도는 줄었지만 지금도 사라졌다고는 할 수 없다. 오히려 다른 연(緣)이 생겨나고, 또 다양해지고 있다. 채용 방식이나 임용 직급이 같은 부류끼리 모이기도 하고, 같은 직렬끼리 모이기도 한다. 특히 소수 직렬일 경우 요직에 있어 선후배 간 밀고 끌어 주는 문화가 남아 있다. 이에 못지않은 것이 하나 있는데, 바로 흡연이다. 흡연(吸煙) 아닌 흡연(吸緣). 담배를 피우거나 술을 마시며 돈독해진 관계에서 더 풍부하고 때론 은밀한 정보까지 거침없이 공유된다는 것은 공공연한 비밀이다.

조직이나 단체 안의 중심 부류를 일컫는 주류, 그리고 주류에 속하지 않는 비주류. 이는 어느 조직이나 단체든 있기 마련이다. 옳고 그름은 차치하고, 이것이 존재하는 현실을 받아들인다고 하자. 이때 주류의 형성 과정이 얼마나 투명한지, 또 공정한지에 대한 논란은 항상 있었다. 조직 내 모든 하부조직은 각기 존재 이유가 있고, 그 가치에 경중을 나누기 어렵다. 하지만 심장과 머리같이 생존과 직결되는 업무와 역할이 있다. 그런 자리에 누가 가느냐, 또 합당하게 평가되느냐는 구성원 대다수의 관심사다.

김휘린은 입사한 지 2년 만에 수자원 학습동아리 '수요물산책'을 만들었다. 매주 수요일마다 추진 업무 공유는 물론 외부 전문가를 직접 섭외해 세미나를 열었다. 그 활동 성과로 부처 내에서 개최된 CoP(Community of Practice, 학습동아리) 경연대회에서 1등을 차지했다. 이는 혁신 성과로 연계되어, 성과상여금 평가 때 각 등급에 배정된 인원에 상관없이 추가로 최고 등급 S를 줄 수 있는 규정이 있었다. 하지만 그는 받지 못했다. 다음 해에도 김휘린은 대회에 참석했고 또 1등을 했다. 역시나 S등급은 그의 몫이 아니었다. 대신 그에게 돌아온 것은 '다음 해에는 참가하지 않으면 좋겠다'는 편잔이었다.

"얼마 전 부서 이동 이후 성과평가에서 B등급을 받았어요. 신입 때를 제외하고는 처음이었습니다. 이제 고참이기도 하고 업무를 주도하며 챙겼다고 생각했는데……."

인터뷰 내내 당차고 경쾌하던 그의 목소리가 처음으로 무거웠다. 그가 겪었을 상황이 머릿속에 그려지자 내 마음 속에도 이루 말할 수 없는 태풍이 몰아쳤다.


### 나만의 스페셜티가 필요해

김휘린은 수년간 강수량과 수위 등 수문자료 품질관리 기술과 홍수 예보 기술의 개발에 참여했고, 한국수문조사연보, 한강홍수예보보고서를 발간했다. 최근에는 한강권역의 홍수와 갈수 예보, 방재 업무를 관리하고 수자원 법정 계획 협의, 댐과 보의 연계 운영을 담당하는 예보계장으로 일했다.

그는 공직 생활을 하며 가장 성취감을 맛본 업무의 하나로 수문자료 품질관리를 위한 TF 활동과 이를 통한 국가 수문자료 품질관리 시스템 구축을 꼽았다. 수년 전만 해도 수문자료의 오측률이 높았고 한국수문조사연보를 발간할 때만 자료를 검증하고 보정했다. 각각 분절되어 있던 관측, 통신, 전산처리 업무가 TF를 통해 한곳으로 모였고, 김휘린은 오측과 결측의 발생 원인을 규명하기 시작했다.

"처음에는 회의 진행이 무척 어려웠어요. 서로 다른 부서의 책임이라는 논쟁에 갇혀 있었습니다. 게다가 추진하려는 국가 수문자료 품질관리 시스템이 오히려 우리의 발목을 잡아 감사 대상이 될 수 있다는 우려까지 나왔고요. 당시 저는 10년 이상의 경력자들 눈에는 그저 현장 경험 없이 의욕만 넘치는 신입이었거든요."

한강을 시작으로 낙동강과 금강, 영산강 관리에도 국가 수문자료 품질관리 시스템이 도입되어 현재는 이 시스템을 통해 전국 수문자료를 체계적으로 관리하고 있다. 지치지 않고 그가 내디딘 한 걸음, 한 걸음이 비로소 길이 되었다.

그러나 사람들이 김휘린을 기억하는 것은 수문자료의 관리 체계를 개선했기 때문이 아니다. 부수 업무로 시작한 국제 협력 업무 덕이다. 당초 수자원 분야의 국제 협력은 국토교통부에서 주관하고 소속 기관인 홍수통제소(현재는 환경부로 소속이 변경)에서 기술부분을 지원하는 것으로 시작했다. 초창기 그의 임무는 국외 자료의 수집과 분석이었다. 그러나 업무 처리 능력과 열정이 뛰어난 것은 물론 여기에 '영어'라는 무기가 더해지며, 김휘린은 점점 해외 전문가와 함께 토론하는 자리에서 큰 빛을 발휘했다. 그는 업무상 해외로 자주 다니시던 아버지 덕에 어릴 때부터 다른 나라 문화에 친숙했다고 말했다.

"아버지께서 귀국하시는 날이면 동생과 저는 흥분을 주체할 수 없었어요. 물론 아버지가 그립고 보고 싶어서 그랬지만, 아버지의 커다란 가방에는 우리나라에서 볼 수 없는 장난감, 학용품, 선물들이 가득했거든요."

외국 물건에 대한 호기심은 자연스레 언어로 이어졌고, 특히 영어에 관심이 늘었다. 그러다 대학교 2학년 때 해외 연수 프로그램에 선발되어 영국 런던대학교에서 어학연수를 받았다.

"함께 간 영문과, 경영대 선배들은 처음인데도 잘 알아듣던데, 저는 너무 안 들려서 고생했어요. 녹음된 목소리를 알아듣는 것과 달리 살아 있는 사람과의 대화는 정말 어려웠어요."

돌아온 그는 다시 영어 공부에 집중했다. 아르바이트로 영어강사를 할 만큼 실력이 향상되었고, 얼마 전 토익 시험에서도 950점을 받았다. 조직에서 두각을 나타내려면 김휘린과 같이 남과 구분되는 자신만의 전문 분야(specialty)가 필요하다. 꼭 외국어 능력이 아니어도 상황과 문맥에 적확한 단어를 찾아내 보고서의 질을 한껏 높이거나, 살벌한 협상에서 은은한 존재감으로 타협을 끌어내는 능력을 갖췄거나, 실행과 실패를 반복하면서도 멈추지 않고 다시 도전하는 끈기가 있다면 이 또한 자신을 드러내는 개성이 된다. 나 또한 소소한 스페셜티를 하나라도 찾으러 가만히 내면의 소리에 귀 기울여 보지만 아직 응답이 없다.

### 시간만 보내며 정년을 채우려는 생각의 위험성

많은 사람들이 직업을 선택하는 기준으로 정년 보장을 최고

순위로 꼽는다. 그런 상황에서 공무원의 고용 안정성은 매력 있다. 그래서일까, 적지 않은 공무원이 자신의 스페셜티로 젖은 낙엽마냥 쓸리지 않고 버티는 능력을 계발하고 있다. 그들은 곧 하루하루를 버티며 월급날만 기다리는 월급 루팡이 된다. 여기에 굳이 사명감, 소명 의식을 들먹이며 비난하지 않더라도 평균 수명이 길어지는 상황에서 정년까지의 고용과 연금만 믿는 것은 그리 현명해 보이지 않는다. 더군다나 현재 20~30대인 공무원은 개혁된 연금제도가 적용돼 기존 공무원이 받던 연금수령액보다 확실히 적게 받는다. 앞으로도 연금개혁을 거치며 연금수령액이 더 줄어들 수 있으니, 오늘만 버텨 가며 정년을 맞이하겠다는 생각은 오히려 위험해 보인다.

이런 계산을 한 것은 아니겠지만 김휘린의 사례는 눈에 띈다. 수자원 관리와 홍수 예보 업무를 하면서 국제 협력으로 업무 영역을 넓혀간 지 10년 넘는 시간이 쌓였다. 그동안 수자원 분야의 국제 협력 업무는 국토교통부에서 김휘린이 있는 한강홍수통제소로 조금씩 이관되었다. 태풍위원회, 유네스코, 세계기상기구 등의 수문분과에서 그의 비중이 늘었고, 2016년 12월에는 세계기상기구 수문위원회 운영위원으로 당선되었다. 4년 임기에 대륙별로 1~2명을 선발하는 거라 경쟁이 치열해, 다음 기회를 생각하며 경험 삼아 지원한 선거에서 선출된 것이다. 자연스레 국제기구에 그의 이름이 회자되기 시작했다. 여러 열대 저기압 중 하나로 존재하던 그가 이제는 중심부의 최대 풍속이 초속 17미터가 넘는 태풍으로 성장한 것이다.

　급기야 3년이 지난 2019년, 김휘린은 세계기상기구 사무국 수자원과장으로 임명되었다. 소형 태풍이 세력을 키워 최대 풍속이 초속 25미터 이상인 중형 태풍이 되었다. 세계기상기구는 세계보건기구, 국제통화기금, 세계은행, 유네스코 등과 함께 유엔의 15개 전문 기관 중 하나다. 세계기상기구의 직원은 약 300명이며, 사무국은 스위스 제네바에 있다.

　국제기구는 특정 직위에 각 나라의 유관 부처 공무원이 파견근무할 수 있다. 이 경우 해당부처는 내부 절차를 거쳐 파견자를 선발한다. 하지만 연구사인 김휘린에게는 기회가 없었다. 그래서 세계기상기구 사무국 채용 모집에 직접 응시했다. 국내 공무원과의 경쟁이 아니라 전 세계 약 100명의 수자원 전문가들과 경쟁했고 최종 1인이 된 것이다. 국내에서의 직급은 연구사지만 그간의 국제 활동 경력을 인정받아 중앙부처의 과장 또는 국장급이 근무하는 수자원과장 직위에 선발되었으니, 그는 외부경쟁을 통해 국제적으로 자신을 증명한 셈이다.

　"내가 무슨 부귀영화를 누리겠다고 시키지도 않은 고생을 하고 있나 하고 푸념을 한 적도 있었어요. 하지만 오늘의 나는 어제의 내가 만들어 온 모습이라 생각합니다. 미국의 물리학자이자 현대 로켓공학의 아버지라 불리는 로버트 고다드가 이런 말을 했어요. '불가능이 무엇인지를 말하기는 어렵다. 왜냐하면 어제의 꿈은 오늘의 희망이며, 내일의 현실이기 때문이다.' 어때요? 저는 이

문장을 참 좋아합니다."

그는 여기에 '적당히 일하다가 퇴근 후 본인의 삶을 여유롭게 즐기기 위해 입사했다'는 어느 후배의 말을 덧붙였다. 삶에 대한 다른 관점을 존중하지만 좀 더 진취적인 삶은 어떨까 하는 아쉬움이 짙었다고 말이다. 하지만 그 후배의 말이 틀린 말은 아니라는 생각이 들었다. '퇴근 후의 여유로운 삶'이 소파에 앉아 텔레비전을 보며 거동 없는 시간을 보낸 뒤, 잠들기 전 '오늘 하루는 어떠했지?'라는 물음에 등 돌리며 잠들어 버리는 생활을 말하는 건 아닐 테니까. 일과 삶의 균형은 개인은 물론 조직 사회에서도 강조하고 확산되고 있다. 여기서 중요한 것은 일을 통해 자신의 삶을 가꾸어 가는 방식, 그것이 업무적 성취든 퇴근 뒤 일상이든 개인의 선택을 존중하는 조직 문화일 것이다. 누군가에게는 업무로부터의 단절이, 마음과 행동의 여유가 자기 성찰과 타인을 향한 공감으로 이어질 수도 있지 않은가. 또 퇴근 뒤의 관심사가 업무에 새로운 시선을 가져다주는 계기가 될 수도 있으니 말이다.

## 오늘의 나를 만들어 낸 시간

두 딸의 엄마인 김휘린은 매일 출근하기 전 중요한 임무를 수행한다. 등교하는 첫째를 배웅하고 둘째를 유치원 버스에 태워 등원시키는 것이다. 1분 1초가 아쉬울 출근 시간인데, 그는 저녁 아닌 아침 시간에 여섯 살 둘째에게 동화책을 서너 권씩 읽어 준다. 이때 열한 살인 첫째는 피아노를 치고, 남편이 준비한 시리얼과 과일을 먹은 뒤 모두 각자의 자리로 출근한다. 퇴근 후엔 가족과 함께 저녁을 먹고, 아이들을 씻기거나 숙제를 봐주고, 집 정리를 하고 나면 어느새 시간은 훌쩍 깊은 밤을 향해 내달린다.

"주말이면 가족과 더 많은 시간을 보내려 해요. 여행도 가고 아이들이 친구와 놀면 거기에 동행하기도 하죠. 가끔 첫째랑 둘만의 데이트도 하고요."

일과 가정으로 촘촘하게 얽힌 그의 일과표에는 자신만의 시간도 확실히 있다.

"머릿속이 복잡하거나 스트레스를 받을 때, 심심할 때는 악기 연주를 해요. 한동안 해금을 배우며 연습했는데, 강습이 끝난 지금은 다시 피아노로 돌아왔어요. 마음에 드는 꽃을 사서 집안을 꾸미기도 하고 가족이나 친구들에게 선물하며 기분을 전환합니다."

그에게는 평일 주말의 구분 없이 매일이 새날이고, 매일이 분주하다. 역동적인 일상을 통해 그가 말하는 '진취적인 삶'을 충분히 짐작할 수 있었다. 일할 때나 일상에서나, 단 한두 시간이든 긴 시간이든 그는 매순간 '적당히' 시간을 흘러 보내지 않는다. 그는 어떻게 이런 에너지를 발휘하는 것일까?

조곤조곤 할 말 다 하는 김휘린의 목소리와 그의 이야기를 통해 그려지는 일상의 풍경에서 로라 밴더캠이 떠오른다. 네 아이를 키우며 칼럼니스트이자 〈USA 투데이〉 검토위원으로 활동하고 있는 로라는 〈시간창조자〉, 〈성공하는 사람들의 준비된 하루〉라는 책을 썼다. 그는 시간관리에 관한 강연에서 한 사례를 들어 우리가 통상 x, y 나 z를 할 시간이 없다고 말하는 것은 우리의 우선순위에 x, y 그리고 z가 없다는 말과 동일하다고 했다. 또 매주 168시간이 주어지는데, 이 중 수면시간을 8시간으로 하고 매주 40시간 근로한다면 다른 일을 할 시간은 72시간이 된다고 했다. 만약 주 50시간을 일한다면 다른 일에 62시간을, 상상하기 싫겠지만 주 60시간을 일한다면 52시간의 여유를 갖게 된다는 것이다. 그러면서 시간을 절약하여 원하는 삶을 만들어 나가는 것이 아니라, 우리가 원하는 삶을 만들어 나가면 시간은 저절로 절약되는 것이라고 강조했다.

우리에게 주어진 시간을 어떻게 활용하는지는 온전히 개인의 몫이다. 다만, 로라의 말처럼 김휘린의 행동처럼 순간순간이 모여서, 하루하루가 쌓여서 만들어진 '오늘의 나'를 생각하게 된다.


공무원이지만 누군가의 딸이고 엄마입니다

김휘린은 다섯 살이었던 첫째 아이가 아파서 어린이집에 보내지 못했던 적이 있다. 집에서 보살펴 줄 사람도 없었고, 시급한 일과 미리 잡힌 회의 일정으로 휴가조차 낼 수 없었다. 결국 아이와 함께 출근했고 아이를 휴게실에 두고 그는 사무실에서 일했다. 아팠던 아이는 유난히도 길었을 시간 동안 홀로 그림을 그렸고, 화장실은 미화원의 도움으로 다녀오기도 했다. 아이가 초등학생이 된 뒤에도 그는 자녀의 학교 상담과 방과 후 수업 발표회에 참석하지 못하는 경우가 잦다.

아무리 자기 관리가 뛰어난 사람이라 해도 공적 책무와 사적 일정을 조율하는 일이 개인의 노력만으로는 어려운 순간이 있다. 국내외를 누비며 어느 때보다 활발히 역량을 펼치던 시기, 김휘린에게 그런 순간이 찾아왔다. 2012년은 공교롭게도 매년 열리는 태풍위원회, 2년마다 열리는 유네스코 국제 수문수자원 프로그램, 3년마다 열리는 세계물포럼, 4년마다 열리는 세계기상기구 전체회의가 동시에 개최되던 해였다.

"세계물포럼에 참석하러 프랑스에 갔을 때였어요. 당시 태국에서 큰 홍수가 발생했는데 피해도 심각했죠. 태국 총리가 한국에 오기로 했는데, 이때 우리의 물 관리 선진기법을 설명해야 해서 저는 마르세유에 도착하자마자 발표만 하고 다음 날 곧바로 인천행 비행기를 탔어요."

한국의 홍수대응체계가 인상 깊었던 걸까. 총리가 돌아간 뒤 태국 공무원이 물 관리 요령을 배우러 견학을 왔다. 두 달간 10회에 걸쳐 1,000명 가까이 방문했는데, 김휘린은 영어로 설명하는 등 견학 프로그램의 중심에서 그들을 응대했다. 거기다 연이은 해외 출장에, 홍수기엔 비상근무를 하며 밤을 새우기도 했으니 몸도 마음도 지칠 대로 지쳤다. 둘째 임신을 계획하던 해였고, 안타깝게도 세 번 유산했다.

다행히도 2013년 하반기에 임신해 2014년 출산했다. 하지만 둘째 아이가 태어날 즈음 그의 어머니는 혈액암 말기 진단을 받았다. 항암 치료를 이겨 내시는 듯했지만, 2016년에 세 번째 재발했다.

"2016년 10월 26일. 저는 국제회의를 진행하고 있었어요. 아빠가 전화하셔서는 엄마가 위독하다고 하셨죠. 급히 달려갔지만, 임종을 보지 못했어요. 지금 생각해도 많이 후회가 돼요. 회의에 빠지더라도 병원에 있었으면 마지막 가실 때 함께 있을 수 있었을 텐데……. 지금 제가 이룬 성취를 누구보다 기뻐해 줄 한 사람이 엄마거든요. 친구 같고 언니 같아서 도란도란 얘기했던 기억이 날 때면 그 빈자리가 너무 커요."

공무원으로 일하는 이도 누군가의 자식이고, 또 부모다. 모든 역할에서 잘 해내고 인정받고 싶지만, 현실은 녹록하지 않다. 성공에 대한 일념으로 한 곳을 보며 달려가지만 함께 행복해 할 사람이 더 이상 존재하지 않을 때, 그 공허함은 무엇으로 채울 수 있을까. 그 과정에서 사랑하는 이의 아픔과 슬픔에 조금만 더 참고 견디라고 했던 지난 나의 말과 행동. 그래서 당신의 외로움이 더 깊어졌을 거란 생각이 이제야 가슴을 파고든들 그 미안함을 어떻게 표현할까.

늘 기운 넘치는 김휘린도 매너리즘에 빠지거나 성과에 대한 보상이 불공평하다 느끼고, 지치고 힘들어 자신의 판단과 행동에 회의감이 들 때가 있다. 그때마다 자신의 고민을 들어 주던 어머니가 있었는데, 이젠 집에서 자신을 환하게 맞아 주는 두 아이의 미소 덕에 함께 웃는다고 한다.

"성공의 의미가 달라졌어요. 예전엔 많은 부를 갖거나 이름만 대면 누구나 알아주는 유명인이 되는 것, 혹은 강력한 권력을 가지는 것이라 여겼는데, 가족과 친구, 소중한 사람들과 소소한 일상을 나누는 것이 제겐 성공이고 행복이더라고요."

김휘린은 어머니의 빈자리를 아이들을 통해 채운다고 했지만, 그 또한 자신의 어머니가 그랬던 것처럼 아이들에게 친구 같고 언니 같은 엄마가 되어 가고 있다.

### 인생은 알 수 없는 것

국제 협력을 담당하는 공무원이라면 누구나 한 번쯤 국제 기구에서 일하고 싶다고 생각한다. 김휘린도 그랬다. 막연했지만 언젠가 전 세계 물 문제 해결에 참여하고 싶다는 바람이 있었다. 2016년에 유네스코 수자원 분야에서 공개채용이 있었는데, 당시에는 어머니의 병환에, 남편 또한 휴직하고 함께 가기 어렵다는 말에 시도조차 하지 않았다. 2019년 세계기상기구 사무국에서 채용을 진행할 때 세계기상기구 수문위원회 의장을 비롯해 여러 지인이 그에게 지원할 것을 권유했다. 지난번 기회를 놓친 아쉬움도 있고 그때와 달리 남편이 휴직하고 함께 갈 테니 지원해 보라고 적극 응원해 주어, 떨어지더라도 후회는 남지 않게 지원하기로 마음먹었다.

"세계기상기구에서 함께 일했던 분들의 추천과 응원이 큰 힘이 되었어요. 물론 부담도 되었지만요. 본래 업무를 하면서 동시에 진행하느라 정신없었지만, 오랜만에 자기소개서도 쓰고 필기시험과 영어 인터뷰를 거치면서 가슴이 뛰었어요. 정말 운 좋게 합격까지 했고요."

알고 보니 그의 남편은 큰 기대를 하지 않았다고 했다. 탈락했을 때의 실망감보다 시도조차 하지 않았을 때의 아쉬움이 더 클 것 같아 지지했는데 덜컥 합격한 것이다.

김휘린은 남은 회사 일은 물론 제네바에서의 생활을 위한 준비로 눈코 뜰 새 없이 바쁜 일정을 보냈다.

"세계기상기구 사무국 내에선 주로 영어를 사용하지만 제네바에서는 불어로 생활해야 합니다. 저는 불어를 전혀 못 하는데 걱정이에요. 수자원과에서 제가 유일한 아시아인이고 다들 영어, 불어, 스페인어, 이탈리아어 등 3~4개국 언어를 할 줄 아는 전문가들이죠. 부서장으로서 그들을 잘 이끌 수 있을지도 고민이에요."

김휘린은 여러 걱정과 함께 새로운 업무에 대한 기대도 감추지 않았다. 국제기구에서 일하는 동안 국내 수자원 기술을 해외에 소개해 국내 기업의 해외 진출이 활발해지도록 돕는 것은 물론 개발도상국의 물 관리 체계를 한 단계 높이고 싶다고 했다. 국내에서 추진하고 있던 업무에 대한 애정도 놓지 않았다. 특히 국지성 집중호우와 홍수 피해 증가에 대비하기 위해 세운 홍수 예보 마스터플랜을 이행하는 연구사업이 계획처럼 진행되기를 간절히 바랐다. 홍수 예보 지점을 대하천 본류에서 중소하천과 도심지로 확대하고, 홍수예측기법을 개선하여 홍수 예보를 수십 분에서 여섯 시간 이후까지 더 길게 하여 지방자치단체와 같은 정부기관은 물론 국민도 홍수에 사전 대응할 수 있는 체계로 나아갈 수 있기를 말이다.

인터뷰를 마치고 얼마 뒤 김휘린은 스위스 제네바로 향했다. 출근 뒤 빨간 규정집에 손을 올리고 선서하던 날, 그의 국적이 변했다. 세계기상기구(WMO) 사무총장보 엘레나 마나엔코바는 "휘린, 당신은 한국인이 아닙니다. 이제 당신의 국적은 수문학이고 성(Family name)은 WMO가 되는 겁니다"라고 말했고, 이에 김휘린은 "전에는 대한민국의 세금으로 먹고살며 봉사했지만, 이제는 193개 국의 세금으로 먹고살며 한 나라가 아닌 세계를 위해 일하겠습니다"는 다짐으로 업무를 시작했다.

그런데 업무와 동료들에게 적응하기도 전 대대적으로 조직이 개편되었고, 입사 4개월 만에 예산과 프로젝트 그리고 팀원이 가장 많은 부서의 장이 되었다. 다섯 번 이상 회의를 하고도 모자라 일거리를 집으로 갖고 와선 새벽 1시까지 검토하는 날도 있었지만, 가슴에 새긴 다짐을 떠올리며 일에 열중한다. 뿐만 아니라 주말에는 온 가족이 훌쩍 일상을 탈출하는 여행의 달콤함을 맛보는 등 가족과의 행복도 최선을 다해 지키고 있다.

많은 사람들이 공무원 하면 무사 안일, 철밥통, 칼퇴근을 떠올리지만, 김휘린은 이러한 오랜 인식을 주저 없이 무너뜨리고 있다. 또한 외부 환경과 내부적 제한 요인이 그를 가로막아도 한 걸음씩 더 나아가려는 진취적인 태도는 업무적 성과 달성은 물론 개인의 성장으로 이어짐을 선명하게 보여 주고 있다. 수재해를 감시하고 예측하는 위성과 고성능 컴퓨터를 가동하더라도 그에게 일어날 홍수와 가뭄을 예측할 수 없겠지만, 그는 여전히 바쁠 테고 넘치는 에너지로 당면한 문제를 단단히 해결할 것만 같다. 더욱 경쾌한 발걸음으로 나아가는 김휘린을 그려 본다.

# 국제기구에서
# 일하기

## 1. 국제기구 모집공고는 어디서 확인하나?

외교부 국제기구인사센터(unrecruit.mofa.go.kr), 유엔 공식
사이트(unjobs.org) 그리고 관심 있는 국제기구의 채용사이트에서 확인할 수
있다. 나는 세계기상기구의 홈페이지(erecruit.wmo.int/public)에서 확인했다.
사실 당면한 업무를 추진하면서 외부 공고 사이트를 수시로 확인하긴 어렵다.
내 경우 협업하던 외국 전문가들이 채용 공고를 알려 주었기 때문에 관계의
중요성도 다시금 느꼈다.

## 2. 시험은 몇 단계로 진행되었나?

국제기구마다 차이가 있겠지만, 나는 서류전형, 필기시험 그리고
인터뷰 세 단계를 거쳤다. 공고문을 확인하고 이력서와 자기소개서를
작성해 온라인으로 제출했다. 거기에 추천인 명단을 보냈는데, 인사과에서
추천인들에게 양식을 보내 지원자에 대한 평가를 받았다. 일정 기간이 지나고
합격 여부와 필기시험 일정을 담은 메일이 왔다. 필기시험도 온라인으로
진행되었는데 정해진 시간에 메일로 주제를 전달 받고 한 시간 이내에
의견을 작성해 제출하는 것이었다. 필기시험 후에 이어진 인터뷰는 화상회의
프로그램으로 한 시간가량 사무총장보, 국장, 인사과장, 계장 등 네다섯 명의
질문에 답하는 과정이었다.

## 3. 단계별 준비사항과 유의사항이 있다면?

서류전형에선 작성 논문과 수상 실적 같은 그간의 경력과 업무 성과가
잘 드러나도록 정리해야 한다. 추천인 명단도 함께 작성해야 하는데 다양성이

드러나게 구성하되 사전에 허락을 받아 내게 우호적인 분들로 제출했다. 필기시험에선 시간 내에 영어로 생각을 표현할 수 있을까 걱정했지만 예상 문제를 뽑아서 답변서를 작성하는 연습이 많은 도움이 되었다. 특히, 선발 직위의 역할에 맞게 추진할 업무와 방향성을 고민하는 건 필수라고 생각한다. 마지막으로 인터뷰는 필기시험보다 예상 문제를 훨씬 많이, 100여 개 정도로 준비했다. 인터뷰 전에 외국인 친구와 모의 면접을 했는데, 부끄러워 카메라도 제대로 보지 못했다. 또 작성한 답을 외우려 하니 말이 더 꼬였다. 실전에선 답변 방향만 정리해서 임했더니 훨씬 부드럽게 진행할 수 있었다. 인터뷰에서 국장은 전문 분야를, 인사과장은 일반 사항을 많이 물어봤다. '10억 달러로 새 프로젝트를 구상한다면 무엇을, 왜 할 것인지' 설명하라는 문제가 가장 기억에 남는다. 마지막 즈음 사무총장보가 내게 질문할 게 있느냐고 물었는데 이때 "2년이란 계약 기간 동안 어떤 분야에 집중하고 또 무엇을 우선 처리하길 바라느냐?"고 물었다. 적극적인 질문이 자연스레 대화로 이어졌다. 주눅 들지 않고 당당하게 자신의 모습을 보여 주면 좋은 결과가 있으리라 생각한다.

## 4. 선발 과정에서 에피소드가 있었나?

2019년 5월 5일. 어린이날인데도 일하고 있었는데 갑자기 외국에서 전화가 왔다. 세계기상기구 인사과였는데, 합격 메일을 보냈는데 답이 없어서 기다리다가 연락했다는 거였다. 알고 보니 메일이 스팸으로 분류되어 있었다. 하마터면 합격하고도 탈락할 뻔했다.

그리고 인터뷰 때 질문 중 하나가 '장관에게 홍수 예보의 중요성을 1분 내로 설명하라'였다. 이때 나는 서술식으로 '이렇게 설명하겠다'라고 답변하지 않고 상황에 몰입해서 "장관님!" 하면서 설명했다. 나중에 들어 보니 그런 모습에서 업무에 임하는 마음과 태도를 확인했다고 한다.

---

**※ 참고**

국제기구 초급전문가(JPO, Junior Professional Officer), 국제기구 인턴십, 유엔자원봉사단(UNV, United Nations Volunteers) 등에서 청년들을 채용하고 있으며, 경력이 있는 경우에는 각 국제기구에서 운영하는 전문가 그룹에 참여할 수 있다. 세계기상기구의 경우 수문학 전문가를 위한 공개 위원회(OPACHE, The Open Panel of Commission for Hydrology Experts)를 운영하는데, 각 국가 대표기관의 추천을 받아야만 참여할 수 있다는 단점이 있지만, 좀 더 가깝게 국제기구 내부 프로젝트에 참여하는 기회를 가질 수 있다.

한강홍수통제소 김휘린 연구사

# 해양경찰청

# 장재호 경위

## 장재호 경위

일본에서 학창시절을 보낸 장재호는 고등학교를 졸업할 즈음 한국으로 돌아가 정착하기로 마음먹었다. 이후 한국해양대학교에 다니며 바다를 지키는 꿈을 키웠고, 지금은 해양경찰의 상징이 새겨진 제복을 입고 당당하게 옷깃을 여미고 있다. 해양경찰교육원에서 교육을 마치고 곧장 대형경비함 5001함(삼봉호)을 타며 울릉도와 독도가 있는 동해를 지키고 위험에 처한 어선을 구조했다. 아내의 출산일을 앞두고 함정에 타야 하는 곳으로 발령이 난 그에게 인사혁신처로 파견근무 할 기회가 생겼고, 인사혁신처에서 파견근무하며 중앙행정기관의 인사 행정에 관한 문의를 담당했다. 인사혁신처에서 새로운 업무 경험을 쌓은 그는 파견근무를 끝내고 다시 인천광역시 송도에 있는 해양경찰청으로 복귀했다. 구조 업무를 할 때나, 인사 민원을 처리할 때나 항상 '현장에 답이 있다'는 생각으로 업무에 임했던 장재호는 치열하고 꼬일 대로 꼬인 현장에서 도움이 절실한 이에게 언제나 신속하게 손 내밀 준비가 되어 있다.

**해양경찰청**
인천광역시 송도동에 있는 본청 외에 소속기관으로 지방해양경찰청(5개소), 해양경찰서(19개소), 해양경찰교육원, 중앙해양특수구조단, 해양경찰정비창이 있다. 1만 명이 넘는 소속 공무원이 불법 조업하는 외국 어선을 단속하거나, 밀입·출국 단속, 선박사고 구조대응 등을 담당하며 대한민국의 해양주권을 보호하고 있다. 홈페이지 사이버 추모관에는 1955년 순직한 강창준 순경부터 현재까지 185명의 전사·순직자 이름과 그 뜻이 기억되고 있다.

# 긍정의 에너지가
# 바꾸는 사회

어느 날 안면이 있는 인사 담당자에게 찾아가 인사 고충 대신 인생 상담을 한 적이 있다. 젊은 공무원을 인터뷰하며 조직 생활에서 밀려오는 회의와 나란 존재의 무력감에 심란해진 감정이 툭 터진 것이다. 아니 평범할 대로 평범해진, 하품 나게 단조로운 내 일상을 푸념한 것인지도 모르겠다.

가만히 듣고 있던 그는 조직에 대한 기대와 현실의 괴리로 찾아오는 간극을 좁히고 공무원으로서의 일을 긍정하는 데 도움이 될지도 모르겠다며 한 사람의 이야기를 꺼냈다. 일본에서 자랐고 부모님은 여전히 일본에서 살고 있는데, 고등학교를 졸업하고 홀연히 홀로 한국으로 돌아와 해양경찰이 된 사람이었다. 한참을 듣고서 문득 궁금해졌다. 무엇이 그를 일본에서 한국으로, 해양경찰의 길로 이끌었을까? 또 그는 한국에서 해양경찰로 살아가는 삶을 꿈꾸었을까?

장재호를 만난 곳은 일산역의 한 카페였다. 한적한 일요일 오후, 전화기를 들고 그를 찾는 나의 물음에 "바로 앞에 카페가 있는데요. 아! 보았습니다" 하는 소리가 바로 육성으로 들려왔다. 겸손한 듯 당당한 목소리 뒤에 나타난 그는 예상대로 단단하고 듬직한 체격이었다. 제복 대신 청바지를 입고 캡을 썼지만, 한눈에도 경찰임을 느낄 수 있었다.

장재호는 세종시에 위치한 인사혁신처에서 파견근무 형태로 일하고 있지만 3개월 뒤에는 해양경찰청 본부가 있는 인천광역시 송도로 출퇴근한다고 말했다. 서울에 직장을 둔 아내가 곧 복직해

해양경찰청 장재호 경위

야 하고 두 살 아들 윤재의 보육을 고려해 처가가 있는 일산에 보금자리를 마련했다. 그는 편도 40킬로미터 이상의 거리를 오고 가야 함에도, 오히려 새벽에 출근하고 밤늦게 퇴근할 테니 교통 정체는 없을 것 같아 다행이라며 미소 지었다.

### 워라밸? 그게 가능합니다

해경 생활은 아무래도 종종 퇴근 시간과 출근 시간이 맞닿을 때도 있을 텐데, 일과 가정은 어떻게 양립하는지 궁금했다. 그를 만나기 전 몇 가지 질문을 미리 보내고 답변을 받았다. 그중 하나가 공무원은 비교적 워라밸이 가능하다는 대중의 시선에 대한 경험담이었는데, 장재호는 한 치의 망설임 없이 "네. 가능합니다"라고 단호하게 답했다.

그는 해양경찰이다. 함정을 타고 경비와 구조 업무를 해야 한다. 군이 힘겨운 사건이나 사고를 예로 들지 않더라도 파도가 출렁이는 바다에서의 생활, 또 누군가의 생명과 재산을 보호하는 일은 상상만 해도 고단하다. 그런데 워라밸이 가능하다니? 물론 인사혁신처에서의 생활도 만만할 리 없지만, 그가 현재 인사혁신처로 파견 왔기에 느끼는 일종의 상대적 만족감일지도 모른다는 생각이 들었다. 아니나 다를까, 장재호는 이곳에서의 근무가 워라밸의 출발이었다고 했다.

"해경에 있을 때는 워라밸을 생각할 수 없었어요. 함정을 탈 때는 쉴 수 있는 상황이 아니었고, 또 결혼 전이기도 했으니까요.

그땐 정말 독도를 지킨다는 마음으로 살았어요. 경비구조과에서 보낸 1년도 일이 많았어요. 위급 상황이 터지면 전 인력이 다 달라붙었으니까요."

그는 해양경찰이 된 첫해, 5001함을 타고 독도를 지켰다. 1년 뒤엔 경비구조 훈련을 계획하고 실시하는 자리로 옮겼다. 다시 1년 뒤 아내의 출산이 다가올 때, 함정을 타야 하는 곳으로 발령 났다. 아이가 태어나는 순간을 함께하고 싶었던 그에겐 아쉬운 소식이었다. 함정을 타고 근무 중일 땐 출산이 임박하다는 소식을 받아도 쉽게 달려가지 못하니 말이다. 그러던 어느 날, 예상치 못한 기회가 찾아왔다. 내부 게시판에 인사혁신처 파견자 모집이 공고된 것이다. 당시 파견근무자의 갑작스러운 휴직으로 공석이 생겼고, 공교롭게도 얼마 전 정기 인사가 끝난 상황이라 지원자가 많지 않았다.

이후 그는 인사혁신처 임용계에서 근무하기 시작했고, 아내의 출산, 아이가 태어나는 소중한 순간을 지켜봤다. 임용계에서 육아 휴직과 같은 워라밸 관련 제도를 다루면서 이에 대한 관심과 이해도 높아졌다.

다시 해경으로 돌아가면 어떤 생활일 것 같으냐는 짓궂은 질문에, 그는 동해에서 근무할 때의 기억을 떠올렸다.

"당시 과장님은 주말엔 집에 갈 수 있도록 보장해 줬어요. 평일 밤 늦게까지 일하고, 또 상황이 터지면 이마저도 보장 받지 못했지만, 금요일엔 퇴근해 주말 동안 쉴 수 있도록 해 줬죠."

해양경찰청 장재호 경위

해경으로 돌아가면 워라밸의 기준 중 큰 영역을 차지하는 퇴근 시간을 제대로 보장 받을 수 없는데 앞으로도 워라밸이 가능할까? 그의 가족은 어떻게 생각할지 솔직한 심정을 듣고 싶었다. 그 순간 다시 그의 말이 이어졌다.

"본청으로 복귀하면 다시 퇴근이 늦어질 거라 생각하고 있어요. 꼭 일찍 퇴근해서 아기를 돌보는 것이 워라밸이 아니라, 내 일을 하면서 주말에 시간을 함께 보내는 것도 워라밸의 한 모습이잖아요. 조직 문화를 인정하려고 합니다. 조직이 있어야 내가 있죠."

그의 말처럼 균형이란 게 꼭 중간에 있어야 하는 것은 아닐지도 모른다. 사람마다 당장엔 어찌할 수 없는 생활의 무게 추가 일상의 어느 한쪽에 떡 하니 놓여 있기 마련이다. 직업 특성상 야간이나 주말에 근무하는 사람도 있고, 자신의 목숨을 걸고 타인의 목숨을 구해야 하는 사람도 있는 것처럼 말이다. 그러니 일과 가정의 균형에 있어 당장 5 대 5가 아니더라도, 9 대 1에서 8대 2로, 또 6대 4로 자신과 가족의 삶에 균형을 잡아 간다면, 그런 면에서 장재호의 삶은 이미 워라밸이다.


일본에서 성장한 소년, 독도를 지키다

장재호는 일본에서 태어났다. 그의 부모가 대학을 졸업하고 일본으로 건너가 자리를 잡았기 때문이다. 하지만 그는 태어난 지 100일도 지나지 않아 한국으로 왔고, 외할머니 품에서 자랐다. 초등학교에 입학할 즈음 어머니가 한국에 돌아왔고 중학교 3학년이 되던 해 아버지는 기러기 생활에 종지부를 찍었다. 당시 초등학생이던 동생과 함께 네 식구가 일본에서 생활하기 시작했다.

그는 2001년 아버지가 말한 일본을 아직도 또렷이 기억한다. 전 세계 아스팔트 포장률 1위, 좋아하는 음식을 먹기 위해선 서너 시간도 불평 없이 기다리는 사람들, 좀처럼 속마음을 표현하지 않아 겉과 속이 다르다지만 친절과 공정이 몸에 밴 나라, 삭막해 보여도 살기 좋은 나라로 말이다. 아버지의 말에도 동의하지만 그가 경험한 일본은 또 다른 모습이었다.

"일본에 살면서 저더러 김치 냄새가 난다거나 조센진이라 부르는 말을 들었어요. 그럴 때면 정말 한국으로 돌아가고 싶었습니다. 고등학교 3학년이 되던 해, 귀국해서 제복을 입고 나라를 위해 일하겠다는 다짐을 가슴에 박아 버렸죠."

축구, 야구, 농구와 같은 구기 종목은 물론 수영과 검도도 수준급인 그는 어려서부터 제복을 입은 군인과 경찰을 동경했다. 각 잡혀 딱 떨어지는 옷맵시, 묵직하고 강렬한 장비, 눈에 띄는 부대 마크와 계급장이 그의 마음을 사로잡았다. 일본에서 자란 덕에 애국심이 더해져 그는 동국대학교 경찰행정학과와 한국해양대학교에 지원해 합격했다. 고민 끝에 학비 걱정이 없고 기숙사 생활이 가능하며, 더욱이 넓은 바다를 품을 수 있는 한국해양대학교를 선택했다. 이는 우리나라의 해양 주권을 수호하는 해양경찰의 길로 이어졌다.

해양경찰이 되는 방법으로는 순경 공개 채용과 간부 후보

채용, 각종 경력에 따른 계급별 경력 채용 등이 있다. 장재호는 해양경찰 간부 후보 시험을 통과해 경위로 공직 생활을 시작했다. 이를 위해 경찰로서의 기본 과목인 형법과 형사소송법은 물론 함정을 운항하기 위한 항해학, 기관학 그리고 국제법도 공부했다. 1년 4개월가량 신림동에서 수험 생활을 하는 동안 특별히 슬럼프를 겪지 않았다. 매일 해경 제복과 함정 사진, 해양경찰청 조직도를 보며 근무하고 싶은 부서에 대한 꿈을 키웠던 것이다.

수험 기간 중 기억나는 일을 물었을 때, 그는 한 남자와 벌인 추격전을 꺼냈다. 어느 날 새벽, 자신의 원룸 창문에 낯선 남자의 그림자가 보여 관찰했더니 옆집에 사는 여성을 훔쳐보고 있었다. 소리 지르고 추격했으나 그 남자를 잡지는 못했다고 한다.

공부에 대한 부담, 관계의 단절에서 오는 외로움, 미래에 대한 불안감을 토로할 거라 예상했던 내게 그는 이렇게 말하는 듯했다. 비록 채용 시험을 준비하는 기간이었지만 이미 몸과 마음은 경찰이었다고. 그래서 힘든 줄도 모르고 지낼 수 있었다고 말이다.

그렇게 해양경찰이 되어 제복을 입은 그는 5001함을 타고 독도를 경비하는 임무를 맡았다. 5001함은 삼봉호(三峰號)로도 불리는데, 삼봉은 독도의 옛 이름이다. 우연인 듯 필연처럼 그를 조센진이라고 부르고, 독도를 다케시마라고 부르는 일본을 제일선 현장에서 마주한 것이다.

"울릉도와 독도를 경비하는 삼봉호는 이어도를 지키는 5002함과 더불어 해양경찰청에서 가장 큰 5000톤급 경비함입니다. 동해에는 빈번하게 일본 해상보안청 순시선이 출현하는데, 대치까지는 아니어도 독도 주위를 돌고 갑니다. 한번은 제가 무전을 잡았는데, 일본에서 익힌 언어로 그들이 독도에 온 목적을 묻고 단호하고 강경하게 우리의 입장을 전달했던 것이 기억에 남습니다."

장재호에게는 남동생이 한 명 있다. 일본에서 한국인 학교에 다닌 그와 달리 동생은 일본인 학교에 다녔다. 언어와 교육 환경 면에서 일본에 더 깊이 다가간 동생은 지금 어디에서 무슨 일을 할까? 놀랍게도 그는 소말리아 아덴만에 가 있다. 전 세계 유조선이 드나드는 아덴만에는 해적과 무장 세력이 외국 선박을 기습 공격해 선원을 인질로 삼아 몸값을 요구하는 일이 빈번하게 발생한다. 2011년 삼호주얼리호가 소말리아 해적들에게 납치되었을 때 청해부대가 선원 스물한 명과 선박을 안전하게 구출한 여명작전으로 널리 알려진 곳이다. 팽팽한 긴장감이 흐르는 바다에서 장재호의 동생은 해군특수전전단 UDT(Underwater Demolition Team, 수중 파괴대) 대위로서 우리나라 선원과 상선을 보호하고 있다. 일본에서 자란 두 형제가 다른 바다에서 같은 목적으로 임무를 수행하는 모습이 우연만은 아닐 것이다.

어디에 있든 무엇을 하든 현장이 먼저

공무원이 되면 공직 자세, 소통 기법, 정책 기획, 국제 정세 등 다양한 분야의 교육을 받는다. 그중 현업에서 가장 많이 활용하고 회자하는 것은 바로 보고서 작성법이다. 선임이나 상사는 '공무원은 보고서로 말하는 거다'라는 말을 시도 때도 없이 강조한다. 종종 내용의 적절성에 대한 검토가 아니라 글자 크기, 간격, 줄 바꿈 등에 관한 지적만으로 온 힘을 소진하면서 말이다.

정책의 핵심을 파악해서 한 꼭지 당 두 줄이 넘지 않게 개조식으로 정리하고, 국정 철학과 연계하거나 대중에게 쉽고 강인하게 전달할 키워드를 찾아 트렌드와 연결해 보고서에 담는다면 소위 에이스라 불린다. 하지만 우린 이런 능력자들이 검토에 검토를 거쳐 만든 산물인 정책보고서가 탁상행정이라는 비판에 갇히는 모습을 종종 목격한다. 현장을 모르고 행정을 펼친다는 비난의 소리가 울려 퍼진다.

몇 해 전 공직 사회에서 '우문현답'이란 고사성어가 유행했다. 본래 우문현답은 '어리석은 질문에 대한 현명한 답변'이란 뜻이지만, '우리의 문제는 현장에 답이 있다'의 줄임말로 활용되었다. 국민이 체감하기에는 현장에서 답을 찾는 우문현답이 아직도 부족하지만, 공직 사회에서 현장 행정의 중요성은 점점 더 강조되고 있다. 그는 인사혁신처에서 일하기 직전까지 국민의 안위를 살피는 현장에 있었다. 생사의 경계에 선 국민을 구조하는 순간도 있었을 테고, 때론 자신이 그 중심에 서는 순간도 있었을 테다.

"동해에서 경비함정 5001함을 타고 근무할 때 먼바다에서 어선 한 척을 구조한 적이 있었어요. 어두운 새벽이었고 작은 고속 단정을 타고 이동했는데, 몰아치는 파도와 비바람이 정말 무섭더라고요. 함께하는 동료들과 힘을 모아 구조를 완료한 순간의 보람은 말로 다 표현할 수 없습니다."

해양경찰이 되고 처음 사람을 구조한 경험, 현장에서 배운 것을 아직도 생생하게 기억한다.

장재호는 인사혁신처에서 국가공무원 임용 제도에 관한 민원을 담당하고 있다. 각 기관의 인사 담당자는 물론 개별 공무원이 자신의 인사 문제를 문의하면 관련 제도와 적용 방법 등을 설명해 준다. 육아 휴직 중 박사 과정 진학 가능 여부, 특정직 근무 경력 산정 시 인정 범위 등 여러 가지 민원을 접하다 보면 기관이나 개인이 처한 상황도, 규정을 해석하는 방식도 다양한 걸 알게 된다. 애초 제도를 만들 때 예상하지 못한 부분을 발견할 수도 있고, 실제 현장에 왜 적용하기 어려운지를 알게 되어 향후 제도 보완과 개선에 큰 자산이 된다며 다시 한 번 현장의 중요성을 느끼고 있다고 했다.

기관과 부서, 업무마다 각기 다른 현장을 마주한다. 국민의 생명을 보살펴야 하는 현장도 있고, 국민의 이해관계가 첨예하게 얽힌 현장도 있다. 또한 공직 사회 자체가 치열한 현장일 때도 있다. 모든 현장 상황에 일률로 적용하는 원리나 원칙 혹은 규율은 없겠지만, 분명한 건 이러한 현장 경험이 개인과 조직을 함께 성장의 길로 이끈다는 것이다.

장재호는 2014년 채용 시험에 합격하고 본청에서 열린 오리엔테이션에 참석했다. 다음날 세월호 사고가 발생했고 그해 5월 대통령은 대국민담화를 통해 해양경찰청의 해체를 발표했다. 그가 꿈꾸던 조직이 없어진 것이다. 심지어 해양경찰이 아닌 육상경찰로 근무하게 될지도 모른다는 이야기까지 들었다.

소속된 기관이 없어진다는 것은 단순히 기관 명칭이 바뀌는 것만이 아니다. 부처마다 다른 업무 절차와 조직 문화를 갖고 있어 유사 업무를 전혀 다른 방식을 처리해야 하는 상황에 놓이기도 한다. 또 예산, 조직, 인력 등의 지원에서도 후순위로 밀리기 쉽다. 무엇보다 선후배들과 함께 업무를 해 오며 쌓은 소속감, 사명감, 자존감이 한순간에 무너질 수 있다.

2014년 11월 해양경찰청은 해체되었고, 국민안전처 소속으로 해양경비안전본부가 생겼다. 이후 2017년 7월 해양경찰청으로 부활하였다. 조직의 부활에는 여러 가지 이유가 있겠지만, 무엇보다 구성원 개개인이 자신이 마주한 현장을 묵묵히 그리고 치열하게 지켜왔기 때문은 아닐까.

### 업의 무게, 일하는 이를 향한 시선

"서해는 '전쟁터 방불' … 10년간 해경 77명 사상"

2017년 10월, 한 언론의 기사 제목이다. 머릿속에 해양경찰을 입력하면 연관 검색어로 중국 어선이 떠오른다. 평상시에도 그렇지만 특히 성어기가 되면 중국 어선들이 우리 영해로 넘어와 불법 조업을 하는 경우가 잦다. 해양경찰이 접근하면 중국 어선은 위로 오르지 못하게 수십 개의 쇠꼬챙이를 꽂거나 줄로 배 서너 척씩을 연결해 위력을 과시한다. 심지어 죽창, 쇠파이프, 삽 등 다양한 흉기를 휘둘러 해경을 위협하고, 그로 인해 생명을 잃은 해경도 있다.

바다에서 일어나는 일을 해결하기 위해서는 먼저 문제가 일어난 배에 올라타야 한다. 바다 위 음주 운항을 단속할 때도, 배가 뒤집히는 사고에 인명을 구조하기 위해서도 제일 먼저 다른 배로 옮겨 가야 한다. 바닷물이 강처럼 잔잔하다면 좋겠지만, 파도의 움직임은 예측 불가다. 게다가 각자의 속도로 움직이던 두 배가 서로 맞닿는 순간을 제대로 포착하지 못하면, 둘 사이에 끼여 큰 사고로 이어진다.

장재호는 거친 현장 속에서 자신의 팔다리 그리고 함께하는 동료를 믿으며 늘 자신만만하게 움직였다. 하지만 결혼 뒤 어느 날, 동료와 함께 다른 배에 올라타려는 순간 멈칫하는 자신을 발견했다. 왜 그랬을까.

얼마 전 아주대학교병원 권역외상센터 소장 이국종이 쓴 〈골든아워 1〉을 읽었다. 저자가 중증외상센터에서 겪은 일과 의사라는 업을 가진 이로서 삶과 죽음의 경계에 선 무거움이 잘 드러난다. 그중 외상외과 의사 정경원에 대한 이국종의 시선이 유독 눈길을 끌었다.

그는 2010년 봄에 내게 온 이후 그해 말까지 집에 다녀온 것은 고작 네 번뿐으로, 병원에서 살다시피 하며 일했다. …(중략)… 그해 크리스마스가 가까워올 때 부산에 있는 정경원의 아이들이 성탄 카드를 보내왔다. 정경원은 서툰 글씨로 쓰인 성탄 카드와 아이들의 사진을 캐비닛 안쪽에 함께 붙여놓았다. '아빠 어디 계세요. 빨리 돌아오세요.' 카드에 적힌 삐뚤빼뚤한 글씨를 보고 나는 마음이 내려앉았다.

〈골든 아워 1〉 이국종, 흐름출판, 192~194쪽

이국종은 동료 의사 정경원을 예로 들었지만, 자신을 포함해 함께 일하는 외상센터 팀원의 가족을 생각하면 마음이 아주 무거웠을 것이다.

공무를 수행하는 사람 중에서도 생과 사의 갈림길에, 날 선 현장에 흔들리는 두 발로 서 있어야 하는 이들이 있다. 때론 그들에게 주어지는 책임감을 너무도 당연하게 여기는 것 같아 미안했다. 그들에게도 무사히 귀가하길 기다리는 가족이 있는데 말이다. 그런 내게 장재호가 말했다.

"누군가는 해야 할 일이고, 저희는 그걸 선택했으니까 가족에 대한 염려까지 바라진 않습니다. 다만 직업을 존중해 주면 좋겠어요. 경찰을 짭새라 부르지 않고, 군복 입은 사람들을 냄새 난다고 피하는 대신, 그 업을 수행하는 자를 향한 따스한 시선이면 만족합니다."

문득 그의 꿈이 궁금해졌다. 조직과 상관없이 오롯이 한 개인으로서 품고 있는 꿈을 물었다. 대답은 평범했다. 좋은 아버지, 좋은 남편, 좋은 아들로 살고 싶다며 가족을 위해 사는 것이 곧 자신을 위해 사는 것이라고 했다. 그러면서 "훗날 내 곁에 아무도 없을 때 가족만은 절 지켜줄 테니까요"라고 하는 순간 나도 정경원의 아이들이 쓴 성탄 카드를 본 이국종 교수처럼 마음이 내려앉았다.

임무를 수행하면 가족과 평범한 일상을 나눌 시간이 부족하고, 그러다 건강이 나빠져 현장에서 물러나면 그를 돌봐야 하는 가족의 마음은 또 어찌해야 할까.

직업 윤리와 업에 대한 책임감이 평범한 일상을 휘젓기도 하지만, 오늘도 현장으로 나가는 그들에게 소명 의식은 곧 존재 이유일지도 모른다.

## 기대와 현실의 간극

언제부턴가 우리 사회에서 선호하는 직업으로 공무원이 꼽히기 시작했다. 최고의 배우자 직업으로 선정되는 것은 물론 청소년들이 선호하는 직업으로도 떠올랐다. 2020년 통계청과 여성가족부가 발표한 '2020 청소년 통계'에 따르면 13세에서 19세 청소년 중 22.8퍼센트는 가장 선호하는 직장으로 국가기관을, 17.2퍼센트는 공기업을 선택했다. 이런 현상은 국민에게 봉사하려는 마음이 커서 생기는 것이라기보다 소위 정년이 보장되는 안정적 고용 때문이다.

마침 장재호를 만나기 전 대학수학능력시험이 치러졌고, 다음 날 한 언론에서는 '캠퍼스 대신 노량진으로 가겠다는 고3'이란 제목으로 기사를 썼다. 대학을 졸업하고도 취업을 못 한 취준생의 고단함에 대한 뉴스를 본 고3이 대학을 가든 안 가든 결국 공무원 시험을 준비하는 현실을 지적한 것이다.

다양한 꿈을 꾸는 대신 안정된 직장을 선택해 공무원이 되면 행복할까. 나는 기대와 현실의 간극으로 갈등했다. 공무원이 되면 가끔 야근이 있겠지만, 정시에 출퇴근하며 주말에는 종종 가족과 함께 교외로 여행을 가겠지. 또 법과 규정에 따라 업무를 처리하면 별 탈 없이 정년까지 일할 수 있다고 생각했다. 하지만 특별한 사정이 없으면 상사가 출근하기 전 출근하고, 퇴근 후 퇴근했다. 업무 계획을 세우거나 국정 감사, 연말 결산 시에는 주말도 없었다. 종종 업무와 관련한 법과 규정이 모호하여 보는 이에 따라 다른 해석을 할 여지가 있었다. 보수적인 해석을 하면 복지 부동이란 소리에 민원이 발생했고, 유연한 해석에는 감사가 이어졌다. 특히 많은 예산을 들여 진행하는 사업에는 내부 감사는 물론 감사원 감사가 뒤따랐다. 때론 수사기관에 불려가 나의 무고함을 반복해서 설명해야 했다. 선배들의 정년 퇴임사에서 상투적으로 등장하는 '특별한 과오 없이 무사히 정년을 맞게 되어 감사하다'는 말이 가슴 속 깊은 곳에서 올라온 지난 삶의 흔적이란 것도 알게 되었다. 기대와 현실이 부딪힐 때면 내 길은 이곳이 아닐 수 있다며 갈등했고, 다른 길을 가야 하나 고민했다.

장재호는 어떨까. 공무원이 되고자 했던 나와 달리 해양경찰이 되고자 했던 그는 다를까. 기대했던 모습과 지금의 생활, 그 간극을 물었다.

"기대와 현실이요? 일치합니다. 어쩌면 제가 현실에 맞춰 가는 것일 수 있지만, 아직은 일에 만족합니다. 직장과 가정에서 인정받는다는 느낌도 있어 좋아요. 시간이 짧아서인지, 아직 쓴맛을 못 봐서인지, 그런 균열은 없어요. 어쩌면 원했던 일이어서 자기 최면이 강하게 걸린 것인지도 모르고요."

그토록 원하던 곳이라서 그런가, 아무리 그래도 조직 생활을 하다 보면 예상치 못한 갈등이 생기기도 하고, 나의 상식과 다른 상식에 당황스러운 일도 발생한다. 소소한 간극도 없다고 단언하는 그의 모습에 살짝 질투가 났다.

그는 기분이 태도가 된다고 믿기 때문에 긍정적으로 사람과 일을 대한다고 했다. 그러고 보니 처음 통화할 때도, 인터뷰하는 시간에도 단어 하나하나에 힘을 실어 말했다. 목소리에서도 관계에서도 업무에서도 체력 저하를 보이는 내게 그는 요령 하나를 알려 주었다.

"생각과 감정을 적극 표현하는 것이 중요합니다. 특히 사람 사이에 생기는 문제는 표현만 좀 더 긍정적이고 부드럽게 바꾸면 현저히 줄어들어요. 어떤 상황에서든, 어떤 부탁이든 긍정의 말로 시작하는 거죠. 물론 '다만'이란 말을 사용해 자신이 처한 상황을 분명하게 설명하는 것도 잊지 말아야 합니다."

녹록하지 않은 현실 속에서도 긍정의 힘으로 보호막을 넓혀 가는 장재호, 앞으로 5년 후, 10년 후 그의 에너지가 일과 삶, 조직에까지 어떤 영향을 미칠지 궁금하고, 또 기대된다.

해양경찰청 장재호 경위

# 다름을 이해하는 시간,
# 파견근무

## 1. 다른 기관의 공무원과 교류할 기회는 있나?

해양경찰청 소속 경찰공무원은 특정직 공무원이다. 물론
해양경찰청에는 일반직 공무원도 있지만, 대부분이 경찰공무원이다. 아무래도
위계와 질서, 규정을 중시하다 보니 다른 부처와는 분위기가 사뭇 다르고,
신분과 업무 특성으로 인해 일반직 공무원 중심인 타 부처와 인사교류가
활발하지 않다. 특히 경찰공무원은 일정 기간 동안 타 정부기관 소속 공무원과
근무지를 바꾸는 1대 1 계획인사교류는 거의 없다. 반면 정부기관 중 일정한
직위를 타 부처 공무원이 근무할 수 있도록 개방한 곳으로 파견근무를 하는
경우는 비교적 활성화되어 있다. 그런 면에서 인사혁신처로 파견 가서 근무한
기간은 너무도 소중한 경험이었다.

## 2. 어떤 업무를 담당했나?

일선 해양경찰서 소속으로 함정을 타고 바다를 누비다가 세종시에
위치한 인사혁신처로 출근하면서 환경도 업무도 낯설었다. 파견근무는
보통 2년 이내로 이뤄지고, 나 역시 2년을 근무했다. 그 동안 휴직, 전보,
승진 등 임용에 관한 업무를 담당했는데, 하루 열 건 이상의 민원이 있었다.
특히 휴직과 전보는 업무 연관성뿐만 아니라 거주지, 가정 환경, 자녀 교육
등 사적인 부분이 큰 영향을 미친다. 전화 문의는 하루에 적게는 30통에서
많게는 100통 가까이 있었다. 개인이 처한 여러 상황과 고민을 듣고, 또
공감하며 법령의 범위 내에서 해결책을 찾으려고 했던 경험은 내게 큰 자산이
되었다.

## 3. 주된 민원은 무엇이었나?

육아 휴직 제도로 기억한다. 최근에는 남자 공무원의 육아 휴직이 많이 증가하면서 제도에 대해 상세히 물어보는 남성이 많았다. 그리고 보직 관리에 실망하는 분들이 적지 않았다. 국가공무원법 제32조의5, 공무원임용령 제43조에는 임용권자가 소속 공무원의 직급, 직류, 전공 분야, 훈련, 근무 경력, 전문성 등을 고려해 적합한 직위에 임용하도록 하고 있다. 하지만 희망하는 자리와 발령 나는 자리는 차이가 나기 마련이다. 해당 기관의 특성과 인력 운영 사항을 고려해 적재적소 임용을 추진하다 보면 모두가 만족할 수 있는 인사는 불가능하다. 많이 답답해서 전화했을 민원인이 끝내 무거운 목소리로 전화를 끊으면 그 실망감이 내게도 고스란히 전해져 안타까웠다.

## 4. 곧 파견근무가 끝나고 다시 해경으로 돌아가는데 어떤 느낌이 드는가?

다르다는 것이 이렇게 소중한 경험인지 몰랐다. 여러 직렬의 일반직 공무원들, 또 삶의 경험이 다른 이들과 소통하며 서로 생각을 나누는 일, 나아가 미래의 조직 문화, 진화하는 공무원상에 대해 이야기하는 게 좋았다. 또 인사혁신처이다 보니 이러한 생각들이 인사 제도와 조직 문화를 변화시키려는 정책으로 하나씩 실현될 때는 자부심도 커졌다. 인사혁신처로 간 첫날, 제복 입은 내 모습에 신기해하던 동료들의 얼굴도 떠오른다. 이렇게 서로 다른 일을 했던 다양한 사람들이 한데 모여 열린 마음으로 생각을 나누는 일은 일하는 방식은 물론 삶의 태도까지 유연하게 만드는 것 같다.

---

※ **참고**

국가공무원법 제32조의2(인사교류) 제32조의4(파견근무), 공무원임용령 제41조(파견근무), 제48조 9(행정기관 상호간의 인사교류), 공무원 임용규칙 제57조의9(수시인사교류 대상 및 방법 등)

해양경찰청 장재호 경위

---

# 여수시청

# 장미 주무관

## 장미 주무관

경남 고성에서 어린 시절을 보내고, 충남 천안에서 대학을 다닌 뒤 서울에서 공직 생활을 시작했다. 인생의 짝을 만나 가족을 이루고 현재는 전남 여수에서 일과 삶의 균형을 찾아가고 있다. 대학 졸업반 때 전자회사에 취업하려고 노력했으나, 그 길이 자신의 운명이 아님을 느끼고 인사혁신처에서 주관하는 지역인재 7급 시험을 준비했다. 졸업 후 주간에는 아르바이트를, 야간에는 수험공부를 했다는 그는, 지역인재 선발이 일반 공채보다 경쟁률이 낮아 비교적 수월하게 합격했다고 말했다. 하지만 대학에서 이미 한 번의 선발 과정을 거친 터라, 절대 녹록지 않은 과정을 통과한 것이다. 2011년 방위사업청에서 공직 생활을 시작해, 어려운 무기체계 용어와 군인과 함께 하는 조직 문화에 낯설어 하다가, 여수시청으로 이동해 시민과 함께하는 현장에서 일하고 있다. 한때 조직 기관장을 꿈꾸었지만 사람들로 북적이는 시장에서 시민들의 생생한 목소리에 귀 기울이는 생활을 보내며, 이제는 조직에서의 성공이 아닌 자신의 성장을 꿈꾸고 있다.

**여수시청 지역경제과**

'여수' 하면 '밤바다'가 떠오를 만큼 여수는 해양관광이 큰 비중을 차지하고 있다. 관광은 지역경제와 밀접하게 연결되어 있는 만큼, 지역경제과는 관광객들이 즐겨 찾는 시장 관리에도 큰 힘을 싣고 있다. 지역경제과가 진행한 시장 활성화 사업 중 중앙시장 꿈뜨락몰, 서시장 갓돈스트릿은 관광객은 물론 시민들이 즐겨 찾는 명소로 사랑 받고 있다.

# 성공보다
# 성장을 위한 일

주말 아침 첫 지하철을 타기 위해 아침잠의 행복을 뒤로한 채 길을 나섰다. '오늘은 어떤 이야기를 들을까?' 하는 기대를 안고 허겁지겁 뛰어 지하철 역사에 도착했을 때, 이미 많은 사람이 줄을 서 있었다. 이내 지하철이 도착했고 문이 열리자 익숙하게 자리에 앉아 피곤한 듯 눈을 감는 사람들의 모습이 마치 평일 같았다. 버스를 타고 여수로 가는 동안 인터뷰 질문지도 다듬고 사전 조사한 내용을 한 번 더 살피려 했지만, 지하철 풍경이 잔상으로 남아 '우리에게 직장이란, 일이란 어떤 의미일까?' 하는 생각에 허우적거리다, 지쳐 잠들어 버렸다.

서울에서 6시 40분에 출발한 버스는 오후가 시작되는 12시가 지나서야 여수에 도착했다. 토요일 아침에도 출근했던 남편이 점심 때 귀가하자, 아이와 씨름하던 장미는 해방의 기쁨인지, 나를 향한 반가움인지 알 수 없는 미소로 마중 나왔다.

우리는 여수의 대표 전통시장인 중앙시장으로 향했다. 아케이드가 설치된 형태가 아니라 온전히 하나의 건물에 자리한 시장으로, 2층에는 청년 상인이 운영하는 꿈뜨락몰이 자리하고 있다. '전통'이란 오래된 것이고, 오래된 것은 낡은 것이란 나의 일차원적 선입견을 흔들 만큼 깔끔하고 세련된 곳으로, 점심시간을 맞아 삼삼오오 가족과 연인들이 식사에 담소를 곁들이고 있었다.

장미는 2016년 서울 생활을 정리하고 남편과 함께 여수로 내려왔다. 남편이 먼저 퇴사하고 고향 여수에 정착하려는 의지를 보였고, 장미는 임신으로 휴직을 하고 있던 터라 기꺼이 남편의 제안을 받아들였다. 휴직 중이라 직장 생활은 잠시 잊고 가사와 육아 그리고 새로운 환경에 적응하느라 바쁜 시간을 보냈다. 그러다 복직할 시기가 다가오자 걱정이 찾아왔다. '서울에 있던 직장은 어떻게 하지? 이러다 일을 못 하게 되는 것이 아닐까?' 그의 고민을 알게 된 지인들이 함께 여기저기 수소문한 덕에 여수시청으로 부처를 이동할 기회를 잡았다.

"첫째 은하가 13개월일 때 아이는 어린이집으로, 저는 여수시청으로 출근하기 시작했어요."

장미의 목소리에는 경력 단절을 겪을 뻔했던 걱정과 아이를 너무 일찍 어린이집에 보내야 했던 안타까움이 함께 묻어 있었다. 경쾌한 목소리로 "신랑이 시아버님을 도와 일을 하는데, 야근이 없어 매일 집에서 저녁을 먹어요. 그래서 완전히 저만을 위한 시간이 정말 없어요"라고 푸념하면서도 아이의 아침 등원을 책임지고 출근하는 남편 덕에 자신의 아침 출근이 평화롭다며 남편을 자랑했다.


공직에 입문하는 또 하나의 방법, 지역인재

장미는 2010년 공무원 시험에 합격했다. 공채시험이 아닌 지역인재 7급 수습직원 선발시험을 통과한 그는 2011년 방위사업청에서 1년 동안 견습기간을 보낸 뒤 2012년 정규직 공무원으로 임명되었다.

"대학생 때 학교 지원으로 한 달 정도 어학연수를 간 적이 있어요. 그때 같이 간 선배가 지역인재 선발 제도를 알려 주었는데, 제도가 시행된 지 5년 정도 되었는데도 저희 학교에선 별로 알려지지 않았어요. 비교적 수월하게 학교장 추천을 받았죠. 하지만 PSAT(Public Service Aptitude Test, 공직적격성평가)는 겨우겨우 통과했어요. 동기들을 보니 PSAT 준비를 많이 했더라고요. 처음 이 시험을 준비할 때 '도대체 이게 무슨 말이야?' 했던 기억이 아직도 선명해요. 정말 겨우 통과했어요."

2005년 도입된 국가직 지역인재추천채용은 학교장의 추천을 받은 대학 졸업자 또는 졸업예정자 중에서 서류전형, 필기시험, 면접시험을 통해 선발한다. 학과성적은 상위 10퍼센트 이내여야 하고, 영어 능력은 토익을 기준으로 700점 이상, 한국사능력검정시험은 2급 이상이어야 한다. 2019년도에 7급은 140명을 선발했는데 경쟁률은 3.6대 1이었으며, 그중에서도 행정분야가 4.1대 1로 기술분야의 2.9대 1보다 다소 높았다.

"대학교에서 계약직 사무원으로 일하면서 시험을 준비했는데, 매일 퇴근 뒤에 도시락이랑 커피를 잔뜩 사 들고 와서 새벽까지 공부하고 또다시 출근했어요. 체력적으로 힘들어서 졸면서 공부하는 생활을 반복하니 끝이 보이지 않는 것 같았죠. 긴 터널을 혼자서 걷는 느낌이었고 종종 막막하고 불안했어요. '이 시험마저 떨어지면, 다음은 어디지?' 걱정하면서요. 그래도 저는 공채시험 준비하시는 분들에 비하면 훨씬 덜 힘들게 수험 생활을 한 것 같아요."

여수시청 장미 주무관

국가직·지방직 공무원 임용시험에 비해 경쟁률은 낮다지만 천안에 있는 단국대학교 공학부에서 일등으로 졸업한 그가 PSAT를 겨우 통과했다고 하는 것을 보면 이 또한 절대 녹록지 않은 여정이었을 것이다.

### 적성과 워라밸, 당신의 선택은?

지역인재로 선발되면 두세 곳의 부처에서 1주일씩 근무한 뒤 1년간 견습기간을 보낸다. 공업 직렬이었던 장미는 선택할 수 있는 부처가 제한되었는데 고민 끝에 지식경제부(현 산업통상자원부)와 방위사업청에서 1주일씩 근무했다.

국가직 7급이나 9급의 경우 각 부처 인사 담당자가 알려 주는 홍보자료를 참고해서 부처를 선택한다. 이마저도 부처의 단점을 찾아볼 수 없는 자료가 태반인데, 1주일간의 경험은 부처 선택에 있어 정말 좋은 기회다. 그 시간 동안 장미는 무엇을 배우고 느꼈고, 최종 선택에 어떤 영향을 받았을까?

"왠지 모르게 지식경제부는 조금 무서웠어요. 딱히 누군가 제게 뭐라고 한 것도 없었는데 말이죠. 업무가 바빠 보이기도 했고요. 방위사업청은 분위기가 좋았어요. 돌이켜보니 당시 견습 담당 선배들이 얼마만큼 잘 대해 주는가의 차이 같아요. 1주일이란 시간 동안 업무 소개를 듣지만 조직 분위기를 경험하기에는 많이 부족하죠."

종이에 적힌 글자만으로 업무의 깊이와 넓이를, 또 잠시 만난 몇몇 사람들과의 관계만으로 조직을 판단하기는 어렵다. 특히 자신이 관심 있는 업무 분야인지, 자기 삶의 기준에 부합하는지를 가늠하기란 불가능에 가깝다. 공무원 시험에 합격하기도 힘들지만, 이처럼 자신에게 알맞은 부처를 선택하기는 더 어렵다.

장미의 업무 만족도는 어떨까? 수많은 조언과 고민 끝에 자신이 선택한 방위사업청보다 남편의 이직을 계기로 옮긴 여수시청에서의 만족도가 높았다. 우선, 낯선 군사용어와 원가, 계약 관련 업무에서 벗어나 실생활의 언어로 시민과 의사소통하니 한결 마음이 경쾌했다. 골목형시장 육성사업을 진행하며 상인과 함께 시장의 특색을 잡고 홍보해, 시민들이 시장에 찾아오게 만든 일은 특히나 기억에 남는다.

"족발과 곱창을 많이 파는 시장이 있어요. 이를 소위 족발이랑 곱창 거리로 만들었죠. 조형물도 만들고 간판도 정비하고, 물건 진열이나 서비스에 대한 교육도 진행했죠. 벤치마킹 하러 다른 시장들을 방문하며 상인 분들과 아이디어를 공유하고 또 이를 실행하다가 문제가 생기면 같이 이야기하면서 하나씩 풀어 가던 과정이 기억에 남아요."

부처를 선택하는 여러 가지 방법 중 자신이 무엇에 만족을 느끼는지를 기준으로 삼을 수 있다. 빠른 승진일 수도 있고, 일에 대한 흥미일 수도, 정시 퇴근이 가능한지 여부 등이 될 수도 있겠다. 만약 '이건 꼭 보장되어야 해'라는 조건이 없다면, '이런 것은 절대 견딜 수 없어'라는 불만 요인을 떠올려도 좋다. 지나친 상명하복

여수시청 장미 주무관

문화, 창의라곤 찾을 수 없는 반복 업무, 역할 없이 대기만 하는 시간 등등 정말 참을 수 없는 상황을 떠올려 보는 것이다.

사실 공직 생활을 하면 이런 기준과 선택이 무의미한 경우가 잦다. 어느 부처에서 일하느냐보다 어떤 일을 하는 부서에서 어떤 동료들과 함께, 특히 어느 부서장과 함께 근무하느냐에 따라 만족도는 달라지기 때문이다. 그래도 부처마다 독특한 업무처리 방식과 조직 문화가 있다. 어떤 곳은 의전을 중시하고 어떤 곳은 업무 처리에 집중한다. 또 협업을 강조해 열외를 용납하지 않는 곳도 있고, 개인의 역량과 권한을 중시하고 책임감도 함께 듬뿍 부여하는 곳도 있다. 또 본부 외 소속기관이 다양하게 있는 부처라면 조직 생활 중 자신의 상황에 따라 다양한 선택을 할 기회가 있기도 한다. 물론 순환 근무로 뜻하지 않게 가족과 떨어져 생활하는 일이 생길 수도 있다.

장미는 공업직이라 여수시청에서 근무할 수 있는 부서가 제한되지만, 부서 이동만으로 중앙부처 간에 이동할 때와 같은 업무 변화를 느낄 수 있었다. 게다가 다른 지역으로 이전하는 부담에서도 자유로워졌다. 하지만 그는 아이를 낳고서 맞이한 육아와 일의 병행으로 일에 대한 선택을 고민한다.

"아이가 생기니 엄마로서의 역할이 크게 다가와요. 6시에 퇴근한다 해도 아이와 함께 보낼 수 있는 시간은 많지 않아요. 씻기고 먹이고 집 정리를 하면 금방 잘 시간이에요. 오늘도 잠시 외출한다고 하니까, 그 좋아하는 '로보카 폴리'를 보여 줘도 제 주위만

맴도는 거예요. 남편이 밖으로 놀러 가자고 하고서야 겨우 진정되었는데, 이런 아이의 모습을 보면 짠해요."

아이가 어린이집에 가기 싫어한다든지, 구내염이나 수족구 같은 전염성 있는 병에 걸려 아프기라도 하면, 또 고사리손으로 다가와 집안일을 도와주려고 하며 '엄마 사랑해요' 말하면 내가 잘하고 있는 건가, 나의 선택이 누굴 위한 것인가 고민하게 된다고 했다.

나 또한 그랬다. 첫째 아이가 다섯 살 때, 일찍 출근한 아내를 대신해 아직 잠이 덜 깬 아이를 안고 어린이집에 간 적이 있다. 선생님과 어색한 인사를 나눈 뒤 문을 닫고 돌아섰는데, 발걸음은 회사를 향하고 있는데 아이의 울음소리는 왜 그리 더 크게 가슴을 울리는지. 그해에 나는 육아 휴직을 했다.

이처럼 우리는 부처 선택에, 부서 이동의 결과에 연연하다가도 가끔은 툭 하고 가슴을 짓누르는 '일과 가정의 양자택일'에 당혹스러워한다. 나는 육아를 도와줄 친척이 없음을 안타까워했고, 1년 뒤 다시 돌아갈 조직 생활을 걱정했다. 그저 상황을 외면하고 싶을 때도 있었다. 하지만 물러날 수 없는 순간을 차근히 마주할수록 '내가 정말 원하는 삶은 무엇이지?'란 질문이 떠올랐고, 애써 이런저런 답을 해 보았다. 그리고 그제야 깨달았다. 조직에서 인정받을 때도 웃지만, 아이의 자그마한 손을 잡고 서로의 온기를 나누는 것만으로 내 미소는 충만해진다는 것을.

## 현장에서 민원인을 마주하는 두근거림

장미가 여수시청으로 출근하며 지역경제과 에너지관리팀에서 처음 맡은 업무는 승강기 점검이었다. 승강기는 법령에 따라 정기 검사를 받아야 하는데, 받지 않는 경우 운행 정지 명령을 내린다. 이는 서류로 확인해 문서로 통보하는 것이 아니라 직접 현장에 가서 점검하고 운행 정지 표지를 붙인다. 법으로 규정된 의무사항이며 특히 시민의 안전과 밀접한데도, 규정은 준수하지 않은 채 현실의 불편함과 고단함만을 내세우는 민원인이 나타날 때면 종종 진땀을 흘려야 했다.

다음으로는 시장관리팀에서 근무했는데 '전통시장 활성화' 업무를 담당했다. 청년시장 꿈뜨락몰 조성에 관여했고, 특히 소방, 전기, 가스 등 노후화된 안전시설을 개선하는 등 시설 현대화와 전통시장 활성을 위한 특성화 프로그램 지원을 맡았다.

"소화전 위치가 자신의 점포 앞에 있다며 다른 곳으로 이동해 달라는 민원이 있었어요. 하지만 법적으로 거리 제한 조건이 있거든요. 그 범위에서 대체할 곳을 검토했지만, 결국 찾지 못해 예정대로 진행하려 사정을 설명해 드렸죠. 그런데 '안 되는 게 어디 있냐?'며 저희 입장은 아예 들으려 하지도 않는 분이 계셨어요. 그럴 때 좌절합니다."

이해심이 많은 사람에게도 면전에서 "NO!" 하며 거절하려면 입이 쉽게 떨어지지 않는다. 하물며 가족의 생계를 책임져야 하는 사람에게 그의 일을 제한하는 것은, 아무리 법규를 거론하며 정중하게 설명한들 싸늘한 반응이기 마련이고, 자존감을 꺾는 말이 되돌아오지 않는다면 다행이다. 이처럼 대립하는 의견을 가진 민원인을 만나면 심장이 빠르게 뛴다.

때론 전혀 다른 이유로 두근거리기도 하는데, 바로 같은 길을 함께 간다고 느낄 때다. 중앙부처에서 예산을 지원하는 공모 사업은 매우 다양하다. 전통시장 시설 현대화나 상인 교육, 시장 활성화 프로그램 개발이 실례다. 여수시청에서도 시장 상인들과 함께 시설 현대화 사업, 골목형 시장 육성사업, 문화관광형 육성 사업을 추진했다. 특히 청년몰 조성 사업은 공모 사업 선정 이후 공사 발주와 감독, 시장 특색을 반영한 운영 프로그램 개발까지 많은 과정을 함께했다. 그러던 어느 날 전통시장 상인회에서 시청 홈페이지 칭찬 게시판에 글을 남겼다. 우리 시장을 위해 열심히 일해 주어 감사하다고, 함께 일한 공무원 덕에 지난 한 해가 행복했다고.

매일매일 눈앞에 놓인 문제를 해결하는 데 급급한 일상을 보내다 보면 주변을 돌아볼 여유가 없다. 그러다 덜컥, 전혀 생각지 못한 시민의 마음을 전해 받으면 어떨까? 장미는 일에 치여서 제대로 신경 못 쓴 부분이 생각나 미안했고, 시장 상인과 부딪히며 느꼈던 마음의 부담도 스르르 녹아내렸다. 고객의, 시민의, 국민의 관점에서 일해야 하는 공무원에게 그들의 입장을 배려하는 시민의 목소리는 참으로 큰 힘이 된다.

여수시청 장미 주무관

## 외부든 내부든 소통이 제일 어려워

장미는 매주 두세 건의 민원을 접수하고, 그중 8할은 법령과 규정을 열거한 뒤 반영이 어려우니 양해 바란다는 내용으로 답한다고 했다. 내가 민원인이라면 기분이 몹시 언짢지만 마지못해, 아니 더 어떻게 대응할지 몰라 입으로 툭 하니 감정을 내뱉고는 단념할 거다. 그래도 너무너무 억울하면 고함치는 민원인이 되어 기관장에게 하소연하는 방법을 택할지도 모르겠다. 이렇게 감정적으로 반응하는 민원이 들어오면 장미는 어떻게 할까?

"처음엔 격한 민원이 생기면 징계를 받으면 어쩌나 걱정되고 겁도 났지만 시간이 지나면서 조금씩 무뎌졌어요. 제 생각을 온전하게 전달하고 서로 이해하고 싶지만 그게 여전히 어려워요."

소통은 시민과의 관계에서만 이루어지는 것이 아니다. 조금씩이나마 무뎌질 수 있는 외부 소통과 달리 내부 소통의 단절은 더 큰 스트레스를 만들어 낸다.

하루는 장미가 진행하던 공사에서 설계를 변경해야 하는 일이 생겼다. 배관 설치를 검토할 때, 설계 업체에서 도면을 보고 기존 배관의 철거와 신규 배관의 설치 비용을 산정했다. 시공업체에서 공사를 진행하다 보니 작업 구간이 늘어나고 규격에도 변경사항이 발생해 비용이 증가한 것이다.

"'계약금액 안에서 해야지 추가 비용이 왜 필요해!'라며 자료 검토를 미루는 상사가 있었어요. 업체 의견을 한 번 더 정제하고 담당자가 꼼꼼하게 사전 점검하라는 의미겠지만, 자연스레 검토

시간이 길어지고 시공업체는 공사 기간을 준수하지 못할까 봐 걱정했죠. 경우에 따라선 지연배상금을 부담하고 이후에 입찰 참여하는 데 제한이 생길 수 있거든요."

장미는 상사의 태도에서 선한 의도를 읽기 위해 노력했지만, 이야기를 듣는 내내 답답함이 턱 하고 내 목구멍을 막았다. 상사라면 법령과 규정에 따라, 또 그간의 깊고 넓은 요령을 반영해 점검할 사항을 짚어 주거나 확인해 나가면 좋을 텐데 검토조차 거부하다니. 며칠이 지나서야 겨우 상황 보고를 끝내고, 그 다음 며칠 동안 업체가 제출한 자료의 신뢰성을 확인하기 위해 현장을 누비고 또 수차례 보고한 뒤 최종 수정계약을 완료했을 모습을 생각하면, 그 역시 추가 비용을 청구한 업체만큼이나 속앓이를 했을 것이 분명하다.

장미는 자신이 부족해서라고 말했지만, 우리는 종종 상사와 생각의 방향이 다를 때가 아니라 그 다름을 인정하고 소통하는 것조차 시작하지 못할 때 한계를 느낀다. 내가 설득하지도 못하고, 그렇다고 내가 설득 당하지도 않은 어정쩡한 상황의 당혹스러움이란……. 우린 종종 '다음엔 어떤 과장을 만나도 괜찮을 거야!'라고 상대를 위로하지만, '그럴까요? 그런데 지금 왜 이리 힘들까요?'라는 답을 듣는다.

### 나를 성장시키는 일

장미는 공무원이 되고 얼마 지나지 않았을 때 농담인 듯 진

여수시청 장미 주무관

담으로 기관장이 되는 것이 목표라고 했다. 여수로 옮긴 지금 다시 물으니, '시장은 선거로 되는 것이라 어려울 것 같다'며, '솔직히 이젠 자신에게 그런 능력이 있는지도 모르겠다'고 겸손을 보였다. 그의 생각이 변한 이유는 무엇일까?

둘째 출산을 앞두고 장미는 두 번째 육아 휴직을 신청했다. 그러고는 문득 공직 생활을 계속하지 못할 수도 있겠다는 생각이 들었단다.

"공직 사회에서 벗어나 있으니 점점 다양한 경험을 하고 싶다는 생각이 들어요. 아직 탐구 중이긴 한데 아이와 함께 생활하면서 건강한 먹거리에 관심이 생겼어요. 유기농이 정말 좋은지, 육식이 필요한지, 또 채식도 해롭다는 등 먹거리에 관해 다양한 의견들을 접하면서 좀 더 깊이 알아보고 싶다고 생각했거든요. 보통 업무는 근무 시간에만 집중하고 퇴근하면 딱 잊고 싶어요. 그런데 호기심이 생기는 일은 종일 고민해도 즐거운 것 같아요. 그러다 언젠가는 공직을 떠날 수도 있겠다는 생각까지 해요."

어떤 사람은 좋아하는 일을 생업으로 택했더니 경제적 보상과 연계되어 즐기지 못하는 상황이 생겼다고 하고, 또 어떤 사람은 24시간 생각하고 발전시켜 더 큰 경제적 보상이나 충만감을 가져다준다고 한다. 그러니 장미의 고민은 탁월한 선택의 방향일 수도 있고 그렇지 않을 수도 있겠다. 분명한 건 그의 마음이 움직인다는 것이다. 좋아하는 일을 찾고 싶다는 마음이 꿈틀거린다. 출근에서 퇴근까지 깨어 있는 시간 대부분을 투여하는 직업에서 보람을 찾고 싶다는 마음의 소리에 귀 기울이는 것은 너무도 당연하지 않은가.

하지만 이런 속내를 꺼내 놓는 순간, 주위에선 '힘들게 공무원이 되었는데 관두다니', '세상 물정을 모르는구나. 바깥 사회는 정글이야, 정글'이라며 걱정스러운 마음만 한가득 풀어 놓는다. 대학을 다니며 취업을 고민하던 때는 정작 자신이 무엇을 좋아하는지 생각할 여유가 없었고, 이제 조금 마음 편히 먹을 수 있는 상황이 되어 자신을 돌아보면 자칫 경력 단절로 이어질까 노심초사하는 주위의 시선이 무겁게 다가온다. 하지만 공무원이란 신분을 유지하며 개인이 더 잘하고 즐거움을 느낄 수 있는 부처나 부서로 이동하는 것도 한 방법이고, 또 꼼꼼한 사전 준비를 통해 새로운 직업의 세계로 뛰어드는 것도 한 방법인데 고민마저 외면할 필요가 있을까.

장미는 고민과 주위의 시선 사이에서 우선, 큰 꿈을 꾸는 대신 하는 일 속에서 보람을 찾는 습관을 만들기로 했다.

"자리나 직급에 대한 욕심은 없어요. 대신 긍정적인 영향을 미치는 사람이 되고 싶어요. 긍정적인 영향이 다수에게 미칠 수도 있지만, 소수에게 혹은 단 한 사람에게만 미칠 수도 있겠죠. 그것만으로도 저의 존재 이유가 충분해요."

공무원이 담당하는 일이라는 게 이해관계자가 분명한 것도 있지만, 불특정 다수가 고객인 경우가 많다. 자칫 자신의 말과 행동이 미치는 영향을 가늠하지 못하고 매너리즘에 빠져 정해진 시

여수시청 장미 주무관

간에 출근하고 퇴근하며 월급날만 기다리는 생활을 할 수도 있다. 물론 매 순간 사명감으로 똘똘 뭉쳐 일할 수는 없겠지만, 장미는 안전 관리를 담당하는 자기 일이 누군가의 생명을 구할 수 있음을 습관적으로 인식하려 한다.

장미는 공무원 면접시험에서 "최근 했던 봉사활동 중에 가장 기억에 남는 것은 어떤 것이었나요?"라는 질문을 받았다. 당시 자신의 답변을 정확히 기억하진 못하지만, 울먹거리며 대답했던 장면은 정확히 기억한다. 그는 계약직으로 근무하며 공무원 시험을 준비했다. 마지막 과정인 면접에서 탈락하면 앞으로 뭘 해야 할지 막막하던 시절, 막연히 면접시험에 도움이 될 거라는 생각에 노숙자 배식 봉사를 하러 갔다. 막상 배식 장소에 섰는데 노숙자와 다른 봉사자들의 얼굴을 보는 순간, 자신의 행동이 목적이 아니라 수단이었다는 사실에 많이 미안했다. 그래서 면접관의 질문에 스스로에 대한 부끄러움이 눈물로 터져 나왔고 결국 장미는 목적이 되는 봉사의 기회를 잡았다.

인터뷰 동안 조직에서도 가정에서도 제 몫을 하며 성공 너머 성장을 추구하는 장미의 모습이 또렷이 그려졌다. 그럼에도 현실은 해야 할 일을 처리하는 것만으로도 한눈팔 겨를이 없다. 우린 저마다 공직 생활에 입문할 때의 초심을 얼마나 기억하고 있을까? 궁금해졌다. '초심이 흔들리진 않느냐?'는 짓궂은 질문에 장미는 '흔들리지 않는다. 다만 종종 무뎌지는 것이 안타깝다'고 말했다. 종종 무뎌진다는 말에 한참 생각했다. 그가 말한 무뎌짐이 이상을 외면하고 현실에 순응하는 것은 아닐 테다. 어떤 면에서는 굳은살이 생겨 단단해지고 어떤 상황에서는 말랑말랑 유연해지는, 그래서 첫 마음이 다듬어지는 과정에서 불쑥 튀어나온 자각일 것만 같다. 10년이 지난 뒤 그를 만나 다시 물으면 뭐라고 답할까. 아마도 부드러운 직선과 날카로운 곡선이 어우러진 일상을 들려주지 않을까. 그 이야기가 기다려진다.

# 더 슬기로운
# 출산과 육아

## 1. 임신, 출산, 육아를 위한 복지제도는 무엇이 있나?

우선 임신 중 휴식 시간을 확보하고 병원 진료를 위해 매일 두 시간
단축 근무가 가능한 '모성보호 시간'이 있다. 그리고 '출산 휴가'는 공무원
임산부는 90일, 배우자가 출산했을 시 남성 공무원은 10일 사용할 수 있다.
임산부는 출산 전에도 휴가를 사용할 수 있으나 출산 후 남은 휴가가 45일
이상이어야 한다. 양육을 위한 '육아 휴직'은 자녀가 만 8세 또는 초등학교
2학년 이하일 때 한 명당 3년까지 가능하다. 이때 수당은 자녀 한 명당 1년
동안 지급된다. 이 외에도 5세 이하(생후 72개월 이전)의 자녀가 있는 경우 1일
최대 두 시간씩 24개월간 사용 가능한 '육아 시간', 자녀 어린이집과 학교 행사
참여나 병원 진료 동행 등을 위해 연간 2일의 '자녀돌봄 휴가'(두 자녀 이상은
3일까지)를 활용할 수 있다. (2020년 기준) 복지 제도는 매년 보완되기 때문에
자신에게 필요하거나 적용 가능한 제도를 계속해서 체크할 필요가 있다.

## 2. 언제, 어떤 제도를 사용하면 유익할까?

육아 휴직은 3년을 분할해서 사용할 수 있으니, 보통 영·유아기 때 일부
사용하고 하교 뒤 돌봄이 필요한 초등학교 입학 시 남은 일부를 사용하는
경우가 많다. 일과 육아를 병행하면 예상하지 못한 상황이 자주 발생한다.
가능하다면 부부가 육아 휴직을 번갈아 활용하는 것도 좋은 방법이다.
부부가 순차적으로 사용할 경우 두 번째 육아 휴직을 사용하는 사람에게
처음 3개월간은 기본급의 100퍼센트를 수당으로 지급하는 제도도 있다.
나는 현재 육아 휴직 중으로 복직한다면 육아 시간을 사용하고 싶다. 아이와
함께 생활하다가 긴 시간을 직장에 머무르며 찾아오는 부담감과 아이에 대한
미안함에서 조금은 자유로울 수 있을 것 같다.

## 3. 제도 활용 시 유의할 점이 있다면?

모성보호 시간과 육아 시간을 사용할 경우 하루 네 시간 이상 근무해야 하며, 같은 날 두 제도를 동시에 사용할 수 없다. 둘 중 하나를 사용할 경우 시간 외 근무는 인정받지 못하는 등 제한사항이 있으니 복무규정을 꼼꼼하게 확인할 필요가 있다. 아무래도 제도를 활용할 때 상사와 동료의 시선에서 자유로울 수 없다. 평소 업무를 완벽히 처리하면서 육아로 인한 어려움은 적절히 표현해서 사용의 당위성을 인식하도록 분위기를 만드는 지혜가 필요하다. 특히, 장기간 육아 휴직을 하려면 남은 동료에게 미안함이 생긴다. 내 휴직에 맞춰 곧바로 인력 충원이 되는 것이 아니다. 휴직 계획이 생기면 미리 인사팀에 알려서 향후 인력 운영 계획에 참고할 수 있도록 하면 서로 좋을 것 같다.

## 4. 앞으로 어떤 부분이 보완되면 좋을까.

항상 아쉬운 것은 지속적인 제도의 보완보다 있는 제도를 자연스레 활용할 수 있는 조직 문화다. 남은 자의 고단함과 불편함, 현 조직의 성과만을 볼 것이 아니라, 이들이 사회 구성원으로서 부모의 역할을 성실히 해내는 것으로 저출산, 노동력 부족과 같은 사회적 문제 해결에도 영향을 미친다는 점을 생각하면 좋겠다. 같이 행복해질 수 있도록 서로를 응원하는 문화가 성숙하게 뿌리내리길 기대한다.

**※ 참고**

국가(지방)공무원법, 국가(지방)공무원 복무규정(대통령령)

(지방)공무원수당 등에 관한 규정(대통령령)

국가공무원 복무·징계 관련 예규(인사혁신처 예규)

공무원보수 등의 업무지침(인사혁신처 예규)

여수시청 장미 주무관

# 내게 맞는 방법으로
공무원 되기

–

## 다양한 공무원
채용 방법

매년 공무원 시험을 준비하는 사람이 증가하는 추세다. 건강한 사회를 위해 일하겠다는 사명감 때문일 수도 있고, 안정된 근무 환경에 매력을 느꼈기 때문일 수도 있다. 저마다 목표를 위해 공무원이 되고자 노력한다.

공무원이 되는 방법에는 공개경쟁채용시험과 경력경쟁채용시험, 지역인재추천채용 등이 있다. 우선 공개경쟁채용시험은 공무원 결원을 보충하기 위한 일환으로 불특정 다수를 대상으로 경쟁시험을 실시하는 방식이다. 행정부는 5급, 7급, 9급, 국회는 5급, 8급, 9급, 법원은 5급과 9급으로 구분하여 모집한다. 직급별 평가 방법은 유사하나 세부 직렬에 따라 시험 과목은 상이하다. 공무원 채용 인원의 다수를 차지하며 연말이나 연초에 1년간의 채용 일정이 공고된다.

경력경쟁채용시험은 임용 예정 직위와 관련된 자격증, 경력, 학위 등이 있는 전문 인력을 채용하기 위한 방법이다. 특히 전문성과 장기 재직이 필요한 업무 분야에 근무하는 전문직 공무원, 전문

지식이나 기술 등이 요구되는 업무에 일정 기간 임기를 정하여 임용하는 임기제 공무원은 대부분 경력 채용을 통해 선발한다. 직렬과 직급을 특정해서 모집하며 필요한 경우 채용을 진행하니 수시로 채용 사이트를 확인해야 한다. 김휘린 연구사는 연구직 경력경쟁채용시험을 통해 임용되었다.

지역인재추천채용은 전국의 우수 인재를 고르게 등용하여 공직의 지역 대표성을 강화하고 다양한 경로에서 공직을 충원하기 위한 제도다. 학사학위를 수여하는 일반대학, 교육대학, 사이버대학 및 전공심화과정이 개설된 전문대학 등의 졸업·졸업예정자는 7급 수습직원으로, 특성화고, 마이스터고, 전문대학 등의 졸업·졸업예정자는 9급 수습직원으로 선발한다. 장미 주무관은 지역인재 7급으로 선발되어 1년간의 수습 기간을 마치고 임용되었다.

공무원 시험이라고 하면 흔히들 공개채용을 떠올린다. 하지만 과목이 정해진 필기시험에서 능력을 보여 주기 어렵다면, 능력과 상황에 맞는 다른 채용 방법을 선택하는 지혜가 필요하다. 일찍이 공무원이 되기로 결정했다면 고등학교와 대학교의 추천을 받아 지역인재 채용에 도전해 볼 수 있다. 이미 직장 생활을 하고 있거나 전문 분야에서 경력을 쌓은 경우라면 경력 채용에 도전하는 것도 괜찮은 전략이다.

---

**※ 주요 채용사이트**

인사혁신처 나라일터(www.gojobs.go.kr), 사이버국가고시센터(www.gosi.kr), 자치단체 통합 인터넷원서접수센터(local.gosi.go.kr), 서울특별시 공무원 인터넷 원서접수(gosi.seoul.go.kr), 국회채용시스템(gosi.assembly.go.kr), 대한민국 법원 시험정보(exam.scourt.go.kr), 헌법재판소 채용시스템(recruit.ccourt.go.kr), 중앙선거관리위원회(www.nec.go.kr)

다양한 공무원 채용 방법

# 대한민국 공무원 채용방법

| 구분 | 종류 | | 선발과정 | 실시기관 |
|---|---|---|---|---|
| 공개경쟁 채용시험 | 행정부 | 5급 | 1차: 선택형 필기시험(헌법, PSAT 등)<br>2차: 논문형 필기시험(필수+선택)<br>3차: 면접시험 | 인사혁신처장 (소속장관), 지방자치단체장 |
| | | 7급 | 1차·2차(병합): 선택형 필기시험(국어, 영어, 한국사 등 7과목)<br>3차: 면접시험<br>※ 2021년부터 1차 PSAT, 2차 전문과목 평가, 3차 면접시험으로 변경 | |
| | | 9급 | 1차·2차(병합): 선택형 필기시험(국어, 영어, 한국사 등 5과목)<br>3차: 면접시험 | |
| | 국회 | 5급 | 1차: 선택형 필기시험(헌법, PSAT 등)<br>2차: 논문형 필기시험(필수+선택)<br>3차: 면접시험 | 국회사무총장 |
| | | 8급 | 1차·2차(병합): 선택형 필기시험(헌법, 국어, 행정법 등 6과목)<br>3차: 면접시험 | |
| | | 9급 | 1차·2차(병합): 선택형 필기시험(국어, 영어, 한국사 등 과목)<br>3차: 면접시험(속기·경위·방호·방송직은 실기시험 포함) | |
| | 법원 | 5급 | 1차: 선택형 필기시험(헌법, 민법, 형법 등)<br>2차: 논문형 필기시험(행정법, 민법 등 6과목)<br>3차: 인성검사/면접시험 경력경쟁 채용시험 | 법원행정처장 |
| | | 9급 | 1차·2차(병합): 선택형 필기시험(헌법, 국어, 한국사 등 8과목)<br>3차: 면접시험 | |

| 경력경쟁<br>채용시험 | 모든 직급 | 서류+면접(또는 실기) 또는<br>필기+면접·실기(또는 서류) 등 요건에<br>따라 시험 방법은 상이함<br><br>※ 임용 후 전보제한 있음(소속장관을<br>달리하는 기관 5년, 동일기관 4년,<br>연구·지도직 2년 등) | 소속장관<br>(인사혁신처장),<br>지방자치단체장 등 |
|---|---|---|---|
| 지역인재<br>추천채용 | 7급 | ① 학교장이 우수인재를 인사혁신처장에<br>　추천<br>② 인사혁신처장이 필기시험(헌법,<br>　PSAT), 서류전형, 면접시험을 통해<br>　선발<br>③ 1년간의 수습 근무 후 임용 | 인사혁신처장 |
| | 9급 | ① 학교장이 우수인재를 인사혁신처장에<br>　추천<br>② 인사혁신처장이 필기시험(국어,<br>　한국사, 영어), 서류전형, 면접시험을<br>　통해 선발<br>③ 6개월간의 수습 근무 후 임용 | |

※참고: 2019 공무원인사실무(인사혁신처) 등

# 식품의약품안전처

# 현진우 사무관

## 현진우 사무관

원했던 신문방송학 대신 환경학을 전공한 그는 대학교 입학 후 1년간 도서관과 술집을 오갔다. 그러다 홀연히 군대에 갔고, 다녀와선 감사원에 들어가 정부 기관의 어두운 부분에 빛을 비추어야겠다고 다짐했다. 1년에 한 번 열 명 내외를 뽑는 감사직에 도전해, 세 번 실패했고 고민 끝에 선발 인원이 많은 일반행정직으로 전환했다. 2007년 국가직 7급 공무원 공개경쟁채용시험으로 공무원이 된 그는 현재 행정사무관으로 식품의약품안전처에서 근무하고 있다. 식약처에는 식품, 의약품 분야의 연구직과 의사, 약사 등 소위 전문직으로 분류하는 이들, 그리고 영양사와 같이 식품을 담당하는 다양한 직업군이 어우러져 있다. 일반행정직인 그는 여기서 여러 부서를 거치며 기획, 예산, 법무는 물론이고 의약품 부작용에 따른 피해 구제 업무 등을 추진하며 시민들의 그늘진 곳을 밝혀 왔다. 식의약품 분야의 전문가로서는 한 걸음 뒤에 서 있지만, 이것이 오히려 시민들의 눈높이에 한 걸음 더 다가가게 만든다는 현진우. 건강수명 100세의 호모 헌드레드 시대, 그가 속한 조직이 어떤 역할을 해야 할지, 또 현재 상황과 시민의 기대 사이의 간극에 대해 고민하고 있다.

> **식품의약품안전처**
> 충청북도 청주시 오송읍에 위치한 식약처는 먹거리와 의약품 외에도 건강기능식품, 마약류, 화장품, 의약외품, 의료기기 등의 안전 관리도 함께 담당하고 있다. 어린이들의 균형 잡힌 식사를 책임지는 어린이급식관리지원센터도 식약처 사업 중 하나로, 국민의 삶 구석구석에서 기능하며 우리 일상을 책임지고 있다.

# 이상과 현실,
# 제도와 현장
# 사이에서

인터뷰를 진행하며 가장 수고로운 때는 언제일까. 사전 질문지를 작성할 때? 처음 만난 인터뷰이의 생각을 최대한 자연스럽게 끌어내야 할 때? 아니면 녹음된 인터뷰 내용을 다시 듣고 그의 말을 곱씹으며 원고를 작성할 때? 모두 아니다. 내겐 누구를 인터뷰할지 찾아보고 또 그의 승낙을 받는 것이 가장 어렵다.

미담이나 우수한 업무 처리로 언론에 소개된 공무원을 검색해 자료를 수집하고, 또 수소문해 연락이 닿아도 선뜻 인터뷰에 응하는 이는 드물다. 기획 의도에 공감하면서도 최종 결과물에 자신의 이름과 얼굴이 공개되고 또 공직 생활에 대한 자기 생각이 드러나기에 자기 검열 기제가 작용하기 마련이다. 몇 차례 사양한다는 의사를 전해 듣고는 풀이 죽은 어느 날, 옛 직장 동료들과 함께 저녁 식사를 했다. 지금은 각기 다른 곳에서 활동하고 있는 우리는 각자 경험하고 있는 상사와 동료를 테이블로 소환했다. 그러다 불쑥 누군가 말했다.

"상사에게 귀염 받는 동료는 보통 밉상이잖아요. 그런데 현진우는 좋아하지 않을 수 없더라고요."

말을 꺼낸 지인의 목소리엔 여전히 묘한 질투가 묻어 있었지만, 표정에선 인정하지 않을 수 없다는 미소를 띠고 있었다.

이 날의 일을 계기로 나는 한동안 잊고 지냈던 옛 동료 현진우에게 전화를 걸었다. 그와 수차례 통화한 뒤, 마침내 만날 약속을 잡았다.

식품의약품안전처 현진우 사무관

## 때론 외롭지만 주류가 아니기에 가질 수 있는 관점

2007년 공직 생활을 시작한 현진우는 줄곧 식품의약품안전처 본부에서 근무했다. 운영지원과에서 식약처 내부 비정규직에 관한 인사 업무를 시작한 뒤 조직 전체의 예산을 확보하고 배정하며 결산하는 기획재정담당관실, 기관장을 보좌하는 비서실, 의약품 부작용을 관리하는 의약품안전평가과 등을 거쳐 지금은 식약처 소관 법령의 제정과 개정, 규제 개선을 담당하는 규제개혁법무담당관실에서 근무하고 있다.

식품과 의약품의 안전 관리를 통해 국민의 삶을 건강하게 만들겠다는 식약처에서 10년 넘게 일하고 있지만 사실 그는 당초 이곳에서의 생활을 꿈꾸진 않았다. 학창 시절 현진우에게는 꿈이라고 말할 정도로 애착이 가는 직업이 없었다. 다만, 경제적 여유도 누리면서 당시 인기도 있었던 직업인 아나운서, 변호사, 파일럿 등이 되면 어떨까 생각했다. 하지만 수능시험에서 예상하지 못한 성적 하락으로 원했던 신문방송학 대신 환경학을 선택했다.

합격은 했지만 전공 수업을 뒤로하고 도서관에 가거나 친구들과 술집을 기웃거리며 1년을 보냈다. 군대에 갔고, 제대하면서 '대학 졸업 전 공무원 시험 합격'이라는 목표를 세웠다. 4학년 때까지 시험에 세 번 응시했고, 모두 탈락. 1년에 단 한 번, 열 명 내외를 선발하는 감사직에 응시했다가 낙방한 것이다. 세상의 어두운 곳을 밝히겠다며 감사직에 뜻을 품었으나 좁은 문이었다. 졸업 전 합격이라는 당초 목표는 흘러갔고, 백수는 안 된다는 주위의 시선에 무게가 더해지자 비교적 선발 인원이 많은 일반행정직으로 선회해 마지막 시험을 준비했다. 수험 기간 동안 노량진에서 많은 시간을 보낸 그는 저녁 식사 후 도서관 옥상에 올라 노을에 물들던 한강을 보던 순간이 가장 기억에 남는다고 했다.

"수험 생활은 외로웠어요. 혼자 밥 먹고, 혼자 공부하고, 혼자 스트레스 받았던 것 같아요. 시험을 두 달 앞두고 한 암자로 들어갔어요. 천장에 쥐가 있었는데 처음 며칠은 녀석이 저를 경계하더니, 얼마 지나지 않아 제 존재는 전혀 신경 쓰지 않고 돌아다니더라고요. '쥐마저 나를 무시하는구나'라는 생각까지 들었어요."

공시생들 중에는 시험 과목 스터디나 생활 스터디를 하며 다른 수험생들과 교류하는 경우도 많지만, 결과를 예단할 수 없는 시험을 앞두고 불쑥 찾아온 고립감을 떨치기란 쉽지 않다. 현진우는 혼자였던 노량진에서 더 깊이 혼자가 되는 암자로 들어갔고, 쥐에게까지 존재를 부정 당한다고 여겼다. 다행히도 현진우는 시험에 합격했다.

식약처에 들어와서 보니 다른 부처에 비해 식약처에서는 일반행정직이 소수 직렬이었다. 식약처에서 농·축·수산물 등 먹거리의 안전 관리는 식품위생직과 수의직이, 의약품과 의료기기 등의 안전 관리는 약무직과 의료기술직이, 식품과 의약품 분야의 과학적 안전성 검증에는 연구직이 해당 정책과 사업을 주도하고 있다. 이에 비해 일반행정직은 소수이며 기획조정관실, 운영지원과, 식품안전정책과, 의약품정책과 등에서 기획, 예산, 조직, 인사, 감사,

법령 등의 업무를 담당한다. 부처에 따라 일반행정직도 사업 분야에 적극 관여하기도 하는데, 그에 비하면 식약처에서 직렬 간 업무 교류는 쉽지 않다.

"아무래도 타 부처보다 더 전문성이 요구되어 특정 직렬이 집중된 것 같아요. 하지만 일반행정직도 식품이나 의약품 관련 사업을 수행하는 것이 가능합니다. 통상 사업부서로 이동하면 업무 계획, 예산 등 서무 업무에 자신을 국한하는 경우가 종종 있어요. 저는 의약품안전국으로 발령 났을 때 과장님께 사업을 맡아서 하고 싶다고 말씀 드렸어요."

실제로 현진우는 '의약품 부작용 피해 구제 사업'을 맡았다. 안전성과 유효성이 입증되어 판매되는 의약품이라 하더라도 허가 당시 예상하지 못했던 부작용이 발생할 수 있다. 정상적으로 의약품을 복약했어도 부작용 피해를 볼 수 있다는 것이다. 이런 경우 도움이 절실한 피해자에게 정부가 보상금을 지급하는 것이 의약품 부작용 피해 구제 제도이다. 제도 도입 초기엔 사망에 대해서만 보상금을 지급했는데 지금은 장애, 진료비까지 그 대상을 점점 확대하고 있다.

그는 해당 분야에 전문 지식을 갖추지 않은 사람이 정책과 제도를 담당하면 오히려 소비자 입장에 한 걸음 더 다가가는 이점이 있다고 했다. 어떤 경우에 구제 신청 대상이 되는지, 어떻게 피해 구제를 신청하는지, 어떤 서류가 필요한지 등 소비자의 관점에서 제도를 살펴보게 되고, 소비자의 눈높이에 맞는 제도로 진화한다는 것이다. 그러면서 개인의 능력과 역할도 확장된다는 그의 목소리엔 자부심이 가득했다.

　일을 하다 보면 나만 덩그러니 남겨진다고 느껴질 때가 있다. 모두가 퇴근한 뒤 홀로 야근할 때나 회의 테이블에 둘러앉았는데 나만 침묵을 지켜야 할 때 말이다. 특히 잘 드러나지 않는 나의 업무를 사소히 여기는 주위 시선을 느낄 때면 더욱더 그렇다. 직급이 이유일 수도 있고 때론 직렬이 원인일 수도 있다. 하지만 한 걸음 더 나아가려면 나 스스로 발걸음을 옮겨야 한다. 현진우처럼 말이다.


### 우리의 일은 결국 나에게로 돌아온다

　현진우는 공직 생활 중 가장 보람 있었던 일로 어린이급식관리지원센터 설립을 꼽았다. 당시 그는 기획재정담당관실에서 식약처 전체 예산을 담당하며 여러 사업을 검토하고 있었다. 신규 사업의 경우 재정 당국으로부터 예산을 확보하는 것이 어려워 더 꼼꼼히 검토했는데, 어린이급식관리지원센터도 그중 하나였다. 종종 어린이집 급식에 대해 꿀꿀이죽이라는 비판 기사가 있었지만, 그것만으로 사업의 필요성이 인정되지는 않는다. 특히 이 사업은 정해진 기한에 종료되는 것도 아니고, 일부 지역에 국한된 것도 아니다. 한번 시작되면 향후 전국으로 확대되고 지속적으로 이어져 예산 규모가 점점 커질 것이란 시선이 팽배했다.

　그는 이 센터를 설립하고 운영할 사업부서 담당자와 머리를 맞대었다. 투입 예산 대비 기대 효과를 정량화하고, 지방자치단체에 보조하는 형태로 진행될 경우 종종 퍼주기식 예산이란 비난이 뒤따르므로 어린이 급식 관리의 필요성과 함께 효과 있는 관리 방안을 강조하는 데 주력했다. 무엇보다 정부 내에서조차 이 사업의 필요성과 당위성을 인정받지 못하면 국회 심의 대상에 포함되더라도 예산이 삭감되거나 사업 자체가 없어질 수 있기에 기획재정부 담당자를 설득하는 데 공을 들였다. 설명 자료 제공은 물론이고 어린이집과 유치원을 방문해 기재부 담당자에게 어린이 급식 관리 실태를 보이며, 우리 사회의 미래인 아이들에게 안전하고 건강한 급식을 제공할 필요성을 재차 강조했다. 마침내 기재부에서 정부 예산안 최종 심의가 진행되었다. 심의는 주말에 열렸는데, 각 부처 예산 담당자는 초대 받지 못했다.

"결과를 마냥 기다릴 수가 없어서 주말인데도 기재부로 갔어요. 심의장에 귀를 대어 봤는데 숨소리조차 새어 나오지 않더라고요. 그런데 한순간 '제가 여러 차례 설명해 드렸지만, 어린이들의 영양과 위생 관리를 위해 이 사업은 꼭 필요합니다'라는 짧고 굵은 목소리가 들렸어요. 그때 짜릿한 무언가가 가슴에 와 닿았어요."

벌써 10년 전의 일임에도 기재부 담당자를 설득해, 결국 같은 곳을 보게 되었다는 성취감이 아직도 선명한 듯했다.

어린이급식관리지원센터는 그렇게 시작되었다. 첫해 10억 원가량의 예산으로 12개소를 설립했다. 다음 해 운영 성과를 강조하며 예산을 확보하고, 또 그 수를 증가시켰다. 지금은 연간 약

400억 원이 넘는 사업비로 전국에 224개소를 운영하고 있다.

"참 신기한 게요. 제 아들 시원이도 어린이집과 유치원을 다 녔는데, 어린이급식관리지원센터의 혜택을 받은 거잖아요. 센터를 만들 때도 다른 아이들에게 혜택이 주어진다는 사실에 보람 있었 지만, 제가 직접 수혜자가 되고 제 가족과 이웃이 혜택을 누리는 것을 경험하니 또 다른 만족감이 들었어요."

공무원으로 언제 보람을 느끼냐고 물으면 많은 사람이 자신 이 추진했거나 참여했던 정책으로 국민 삶의 질이 개선되고 이를 체감하는 순간이라고 한다. 거창해 보이지만 간단한 감사 인사나 짧은 응원의 말에서 위로와 감동을 받는다는 뜻이다.

공무원이 되면 하루에도 수차례 감동할 것 같지만, 정책에 대한 시민들의 무관심에, 때로는 예상하지 못한 수준의 비난에 상 처 받기 일쑤다. 하지만 시민들의 목소리에 귀 기울이다 보면 새삼 숙연해진다. 공무원이 작성하는 서류 한 장에, 해석하는 법령 문 구 하나에, 무심코 내뱉은 한마디 말에 누군가는 기회를 잃기도 하고 거리로 내몰리기도 하며 심지어 이민을 생각하기도 한다. 이 는 부메랑이 되어 우리 사회에, 이웃에게, 가족에게 그리고 나에게 로 돌아올 것이다. 현진우의 사례처럼 좋은 일이 그러했듯이 아주 작은 행동 하나라도 말이다.

### 겸손과 자기 홍보 사이에서 균형 잡기

공무원 하면 어떤 말이 떠오르는가? 1초도 망설이지 않고 복지부동과 무사안일을 떠올릴지도 모르겠다. 하지만 내부의 공직 문화를 표현하는 말로는 아마도 '모난 돌이 정 맞는다'가 아닐까. 이는 성격이 뾰족하면 대인관계가 원만하지 못할 수 있다는 뜻이기도 하지만, 너무 뛰어난 사람은 남에게 미움을 받기 쉽다는 의미이기도 하다. 업무와 업무 사이, 삼삼오오 모여 휴식하는 중 주고받는 이야기를 주워 담으면 '쟤 너무 튄다', '우리 때는 안 그랬는데'가 주를 이룬다.

그렇다고 묵묵히 일만 한다면 어떨까. 승진은 다른 이가 하고 계속 묵묵히 자기 일에 더해 동료의 업무까지 해야 하는 상황이 발생하기도 한다. 제 할 일에 최선을 다하면 부서장이 이를 알아채 합당한 평가와 보상이 이뤄지겠지 생각하지만 그렇지 않은 경우를 종종 몸으로 경험한다. 그러니 공직 생활에서도 자기 홍보는 중요하다. 그러나 자칫 잘못하면 겸손을 집에 두고 다니는 이로 오해 받기도 하니, 겸손과 자기 홍보 사이에서 '균형 잡기'라는 고도의 기술이 필요하다.

상사에게 인정받기도 어렵지만, 인정받는다고 해도 동료들의 질투가 기다리고 있다. 상사에게 인정받고 동료에게 시기 받지 않는 이는 조직 생활의 최고 수준에 도달했다고 할 수 있다. 사실 현진우를 인터뷰하고 싶다는 마음은 그의 동료에게서 '좋아하지 않을 수 없게 일하더라'는 말을 듣고서 시작되었다.

그가 공무원이 되고 처음 부서 회식하던 날, 공교롭게도 같은 장소에서 다른 부서도 회식을 하고 있었다. 당시 패기 넘치던 그는 당연히 인사해야 한다는 생각에 자리를 이동해 자신을 소개했다. 나중에 건너 건너 소식 하나가 들려왔다. '현진우는 승진에 욕심이 많은 직원이다'라는 것. 어쨌든 그의 승진은 남들보다 빠르지 않았고, 그의 밝은 인사성은 10년이 훌쩍 지난 지금도 한결같이 이어진다.

"먼저 인사하면 사람을 많이 알게 되는데요. 그게 참 좋더라고요. 저 자신을 알리는 기회도 되고, 동료를 알게 되면 서로에게 불친절하기 어렵거든요. 업무에서도 상승 효과가 생깁니다. 상대의 입장에서 한 번 더 생각하게 되니 자연스레 훨씬 수월하게 업무를 추진할 수 있죠."

그렇다고 그가 인사만 잘하는 것은 아니다. 현재 그는 규제개혁법무담당관실에서 법무계장으로 근무하며 '의료기기산업 육성 및 혁신의료기기 지원법', '첨단재생의료 및 첨단바이오의약품 안전 및 지원에 관한 법률' 등의 법률을 제정했고, '식품위생법', '약사법' 등 수많은 법률 개정을 추진했다. 식약처가 움직이는 근간인 법률이 탄생하고 성장, 진화하는 과정에 깊숙이 관여함으로써 조직 내부적으로는 합리적이고 효율적으로 일할 수 있는 근거를 마련하고 나아가 국민의 식의약 생활 안전에 기여한다. 현진우는 이곳에서 특정 분야에 국한하지 않고 식약처 전 분야에 걸친 규정과 업무를 검토하며, 때론 타 정부기관의 소관 업무를 살피며 중복되지 않는지도 확인해야 한다. 그렇기에 사업부서 담당자로부터 설명을 듣는 경우가 잦다. 이후 업무를 추진하며 상사에게 보고할 때도 다양한 업무를 총괄하는 상사의 시선에서 접근한다.

"상사가 제 보고만으로 충분히 이해하고 결정할 수 있도록 준비합니다. 하지만 그러지 못하는 경우도 생기는데요. 그러면 사업 담당자가 제게 했던 설명을 제 상사에게 다시 합니다. 이건 양쪽 모두에게 미안한 일이죠. 제 역할을 다하지 못했고 불필요한 추가 업무를 발생시켜 서로의 시간을 낭비했으니까요."

현진우는 조심스레 초심자였던 시절의 이야기 하나를 꺼냈다. 처음 예산 업무를 시작했을 때, 기획재정부에서 예산 비목 중 '기타 운영비'에서 '업무추진비'를 분리하는 계획을 세웠다. 각 부처는 세부 조정 내역을 제출해야 했는데, 이때 착오가 있었다. 그는 자신이 이해한 바를 예산계장에게 설명한 후 자료를 제출했으나, 업무가 몰리는 시즌이어서 충분히 검토되지 못했고 정부안이 확정되기 직전에야 조정 내역이 잘못된 것을 발견했다. 당시 예산계장이 기획재정부 담당자를 찾아가 온종일 사정하고 또 사정하고서야 겨우 정정되었다. 이 일이 있고 난 뒤 그는 확인하고 또 확인하는 습관이 생겼다.

"동료들은 종종 비꼬듯 '어우, 저 완벽주의자'라고 하는데요. 사실 저도 자신이 피곤할 때가 있습니다. 하지만 업무 정확성이 높아져야 서로에 대한 신뢰도가 높아집니다. 가끔 후배들과 만날 때가 있는데, 특히 업무로 고민할 때면 '서무(庶務)가 되지 말고 주무(主務)가 돼라'고 합니다. 서무는 제출된 자료를 합쳐서 상사가 볼 수 있게 정리하는 거예요. 주무는 작성할 자료의 방향을 정하기도 하고, 때론 필요한 자료를 받아서 자신이 직접 최종 마무리하죠. '서'에서 '주'로 한 글자 바꾼 것이지만 꼼꼼하게 주도하는 업무 태도는 엄청난 차이를 불러옵니다."

하지만 그에게도 힘든 시기가 있었으니, 바로 2년간 비서실에서 근무할 때였다. 내근 비서에 이어 짧은 기간 수행 비서로 일할 땐 세 개의 전화기를 갖고 다니며 기관장의 일정 관리를 도와야 했다. 일정과 일정 사이의 이동 시간을 관리하거나 수시로 발생하는 보고사항은 물론이거니와 기관장이 효율 높고 원활하게 업무를 수행하도록 보좌하는 일엔 정말 끝이 없었다. SNS에 오르는 글 하나까지 시민에게 어떤 의미로 다가갈까, 어떤 표현이 더 적합할까 고민했다. 또 업무상 중요한 결정 과정에 있는 일이나 현안과 관련한 사항 등 직무상 보안이 필요한 일들이 대다수였다. 그래서 더욱 침묵해야 했고 자주 고립되었다.

"가끔 비서실에 근무하려면 어떤 능력이 필요한지 묻는 이가 있어요. 그럴 때마다 제 답이 뭔지 아세요? 바로 '모든 능력이요!'랍니다."

나는 겸손하면서도 티 나지 않게 자기를 홍보하는 방법이 있다고 생각했다. 현진우를 만나면 그만의 꿀팁을 얻어 내리라 다짐했다. 하지만 그의 입에선 뾰족한 방법이 나오지 않았다. 대신 그는 자신이 지나온 시간을 펼쳐 보였다. 짧고도 긴 과정에서 자신만의 방법으로 꾸준히 일하는 모습이 상사와 동료의 신뢰를 차곡차곡 쌓아 올린 것은 아니었을까.

## 매 순간 날카로운 시선 앞에 서 있다

현진우가 일하는 식약처는 식품과 의약품을 안전하게 관리하여 국민의 삶을 건강하게 만드는 일을 한다. 생존을 위해 먹는 매일 세끼의 식품과 아플 때 건강을 되찾기 위해 먹는 의약품의 안전을 관리하니 시민들의 실생활에 가장 밀접한 일을 담당하고 있는 것이다. 식약처의 업무에는 엄청난 고용을 창출한다거나 근로 환경을 개선하는 것, 복지혜택을 준다거나 랜드마크를 세우는 것 같이 눈에 띄는 공적을 세우는 일은 없다. 다만, 시민들이 일상의 소소한 평온을 유지하도록 이를 깨뜨리는 위험요인을 사전에 감지하여 제거하는 것에 초점을 둔다.

이런 노력에도 유해 성분인 멜라민이 함유된 식품, 석면 탤크를 원료로 한 의약품, 일본 방사능 유출에 따른 수입수산물 유통과 같은 사건이 발생하면 곤욕을 치른다. 한번은 발암물질을 함유한 발사르탄을 원료로 한 고혈압치료제가 확인되어 세간에 화제였다. 이때 업무 처리 방식에 대한 불만이 많았다. 100여 개 품목에 대해 판매를 중지하고 한 달이 지나기 전 다시 50여 개 품목을 추가로 조사하여 판매 중지하였다. 첫 번째 발표에 따라 복용하는 약품을 바꾸었는데, 두 번째 발표에 따라 또 조치해야 하는 일이 발생한 것이다. 이를 두고 환자는 물론 의료진도 식약처의 대처에 불만을 토로했다.

"국민은 더 이상 안전을 확인하는 정도가 아니에요. 안전을 넘어 안심할 수 있는 수준을 원하고 있습니다."

현진우의 말처럼 국민의 눈높이가 공무원의 업무 능력 향상 속도를 앞지른 지 이미 오래다. 이런 언론 보도를 보면 미리 살펴서 방지할 수는 없었을까 생각하다가도 곧이어 인력, 장비, 예산 등 현실의 한계가 떠오른다. 이것이 면죄부가 될 수는 없지만, 공무원이 직면한 상황에 대해 생각하게 된다. 발사르탄을 원료로 한 고혈압치료제 품목을 단계적으로 확인했다면 최종 결과가 종합될 때까지 발표를 미뤄야 하는 걸까? 물론 아닐 것이다. 그렇다면 그들의 수고로움을 잘 홍보할 수 있는 방법은 무엇일까? 또 검사 결과 안전하다고 확인된 품목과 검사 중이거나 예정인 품목 등을 구분하여 함께 공개했다면 어쩌했을까? 미루어 짐작하건대 그들도 많은 고민을 했을 것이다.

건강에 직접 영향을 미치는 일을 한다는 것은 하루 24시간 내내 육지와 바다, 국내와 국외를 가리지 않고 수천만의 날카로운 시선에 노출된 것과 같다. 모든 공무가 그러하듯이 말이다.


## 만점은 아니지만 그래도 만족하는 삶

2011년 9월 17일, 현진우는 아들의 돌잔치였던 이날을 잊지 못한다. 1년 전인 2010년 9월 17일, 아들 시원이 태어났다. 매년 8월과 9월은 한창 예산 업무로 바쁜 시기라 출산 휴가 5일을 제대로 사용하지 못하고 사무실에 나왔다. 1년 뒤 시원의 돌잔치 전날, 식약처에서 제출한 예산안이 기획재정부 심의를 거쳐 최종 확정되었다. 기재부에서 사업별, 비목별 예산을 알려 주면 그는 세부 내역을 재정시스템에 입력하고 마감해야 한다. 부처 전체 사항을 정해진 시간에 완료해야 해 업무량이 적지 않았다. 그날 현진우는 밤을 새워 새벽 5시까지 오송 사무실에서 일을 마무리했고, 낮 12시 서울에서 열리는 아들 돌잔치에 가까스로 참석했다.

지금이야 아내와 아이가 그와 함께 세종시에서 생활하지만, 불과 2년 전까지 주말부부로 지냈다. 식약처가 오송으로 이전한 초기, 함께 정착했으나 평일은 물론 주말에도 출근하는 일상에 그의 아내는 양가 부모님이 계신 서울로 다시 돌아왔다.

그즈음 현진우는 자신의 SNS에 이런 글을 남겼다.

"이 시각 친구, 동료들의 SNS를 보며 불현듯 이런 생각이 듭니다. 난 왜 평일도 주말도 매일 회사 일에, 이리도 힘들게 살아야 하나. 아이가 아파도 집에 일이 생겨도 가족들한테 먼저 자라는 말밖에 할 수 없는 못난 가장이라는……. 다른 이들은 맛있는 것도 먹고 같이 놀러 가고 취미생활도 하는데, 난 매일 사무실에서 숫자만 맞추고 있고. 대부분의 선배도 저처럼 일 때문에 이런 고민을 했을 텐데, 지나고 보면 그때의 삶을 후회하지는 않는지. 반복되는 일상에서 뭐라도 남겠지 하며 애써 위로하지만 오늘은 참 쓸쓸합니다."

그의 글에 많은 선배와 동료가 공감하고 위로와 응원의 메시지를 남겼다. 그 덕에 가족에 대한 마음을 잊지 않고 짧은 시간이라도 가족을 위해, 가족과 함께할 수 있는 것을 찾아 실천하려 했다.

"일을 하다 보면 가족에게 미안하고 힘들 때가 있습니다. 그럴 때 동료들이 함께 공감하고 응원해 줘서 큰 위로가 되죠. 우리는 동료끼리 경쟁하는 대신 각자 맡은 업무를 성실히 수행해 더 큰 성과를 만들려 하거든요. 그래서인지 종종 동료의 배려를 느낄 때면 크게 힘이 됩니다."

요즘 현진우는 가족과 함께 하는 일상이 부쩍 늘었다. 퇴근 뒤엔 아홉 살 아들과 놀기도 하고 함께 책도 읽는다. 또 그가 좋아하는 찜질방을 매달 가족과 함께 가고, 가끔 다른 지역으로 여행을 떠나기도 한다. 육아 휴직, 육아 시간과 같은 제도가 도입되어도 곧바로 사용하진 못하지만 조금씩 친구 같은 아빠, 듬직한 남편 역할을 찾아갈 수 있다며 그는 공직 생활의 만족도를 10점 중 8점으로 평가했다.

인터뷰가 끝날 즈음 그는 공무원 임용 전에 갔던 유럽 배낭여행을 떠올렸다. 체코 프라하의 카를교에 아들 시원과 함께 꼭 다시 가고 싶다고 했다. 카를교는 얀 네포무츠키 성상을 보고 소원을 빌면 이루어진다는 말도 있어 찾는 사람이 많다. 문득 20대의 현진우가 공직 생활을 앞두고 찾은 카를교에서 프라하의 야경을 보며 얀 네포무츠키 성상 아래 동판에 손을 얹고 무슨 소원을 빌었는지, 또 아들과 함께 찾을 때는 어떤 소원을 빌지 궁금해진다.

# 행정은 집행만이 아니라
# 제·개정도 합니다

## 1. 행정부도 법률 제·개정에 관여하는가?

흔히들 법률의 제·개정은 입법부인 국회의 역할로만 생각하는데, 그렇게 되기까지 행정부의 주관 부처와 관련 부처 공무원들의 수많은 검토 과정이 선행된다. 어느 부처든 한 업무만을 독점으로 진행하는 것이 아니라 타 부처와 유기적으로 연결되어 일한다. 행정부와 입법부 또한 그러하다. 2년가량 규제개혁법무담당관실에 근무하며 '체외진단의료기기법' 등의 법률을 제정하고, 배달앱을 통해 주문한 음식에서 이물 발견 시 배달앱 운영자의 보고 의무를 담은 '식품위생법' 등 수많은 개정에 관여했다. 운 좋게도 법률의 제정과 개정에 참여한 실적이 적지 않다.

## 2. 어떤 과정을 거치고 얼마나 걸리나?

정부 발의 법률의 경우 각 부처는 해당 업무를 담당하는 부서에서 법률의 제정이나 개정의 필요성과 구체적인 법률안을 작성한다. 그 후 법무담당관실에서 함께 검토한다. 부처 내에서 협의 과정을 거친 뒤 방침이 확정되면 비로소 다른 부처 등 관계기관과 협의를 시작으로 입법예고, 규제심사, 법제처 검토, 차관회의, 국무회의, 대통령 재가를 거치고 정부안이 만들어진다. 이후 국회로 가고 여기서는 상임위원회, 법사위원회, 본회의를 거쳐 확정된다. 법률 개정을 기준으로 소관 부처의 방침이 결정된 뒤 법률은 6개월, 시행령은 4개월, 시행규칙은 100일 정도 소요된다. 물론 모든 절차가 순조롭게 진행된다고 할 때의 경우다.

## 3. 단계별 꼭 챙겨야 할 부분이 있다면?

수많은 진행 단계에서 예상하지 못한 일은 언제, 어디서나 일어나기 마련이다. 몇 가지만 살펴 본다면, 부처 협의 단계에선 타 부처의 입장을 파악해 입법 의도를 실현하면서도 합의 가능한 절충점을 찾아야 한다. 입법 예고 단계에선 관련 협회나 법인 등에서 의견 제출을 많이 하는데 여기서도 현장의 의견을 듣고 미처 생각하지 못했던 사항들을 잘 반영하여야 한다. 규제를 신설하거나 강화할 경우엔 필요성과 비용 검증, 대안 검토 여부 등 까다로운 규제심사를 촘촘하게 준비해야 한다. 국회로 가서는 입법조사관이 작성하는 검토보고서가 매우 중요한데, 상세한 설명과 신속한 대응이 필요하다. 법안을 실제 심사하는 의원실과 협의하고 설득하는 일도 매우 중요하다. 어디 하나 쉬운 단계가 없다.

## 4. 이렇게 타 부처, 타 기관과 함께 일할 때 꼭 필요한 능력이 있다면?

나도 아직 노력 중이지만 타 부처 관계자, 법제처 법제관, 국회 보좌관, 입법조사관 등 일에 관계된 담당자들과 각 과정에서 이견 발생 시 조정하고 조율하는 능력과 원활하게 업무 협조를 얻는 친화력이 필요하다고 생각한다. 예상하지 못한 순간 급작스레 요구하는 자료 요청에 신속하고 정확하게 대응하는 능력도 있으면 좋겠다. 기한 내 처리를 못할 것 같은 경우 기다리는 사람을 생각해서 꼭 사전에 양해를 구해야 하고, 법률 체계나 문구를 해석하는 등 섬세하게 문서를 검토하는 능력은 기본이다. 비단 법무담당관실에서만 필요한 것이 아니라 공직 생활에 필요한 능력인 것 같다.

---

※ 참고

법제업무 운영규정(대통령령), 법제업무 운영규정 시행규칙(총리령)

법제업무편람(법제처 홈페이지)지식창고)간행물)

국가법령정보센터(www.law.go.kr)

정부입법지원센터(www.lawmaking.go.kr)

식품의약품안전처 현진우 사무관

# 방위사업청

## 국존호 주무관

## 국존호 주무관

어렸을 때부터 한자에 관심이 많았다. 중학교 때 한자동아리에 가입하고, 고등학교 때는 중국어과를 다녔으며 대학교에선 중어중문학과 한문학을 전공할 만큼 한자에 대한 관심은 쭉 이어졌다. 서울 종로구에 있는 대학을 다니며 같은 종로구에 있는 정부서울청사를 보고 저기서 일하면 좋겠다고 생각했다. 공무원에게는 석사나 박사학위 취득을 위한 국외 유학의 기회도 주어진다는 것을 알고 공무원에 더욱 매력을 느꼈다. 국가직 7급 공무원 공개경쟁채용시험에 합격하여 2011년 방위사업청에서 근무하기 시작해, 2018년 1년간 서울지방조달청에서 근무하고 다시 방위사업청으로 복귀해 계약을 지원했다. 9년 사이에 벌써 여섯 번째 부서를 돌며 다양한 경력을 쌓은 그는 조직 생활의 실망과 좌절 그리고 즐거움과 보람이 어디서 나오는지 알아가고 있다. 공직 생활을 꿈꾸었던 이유 중 하나인 국외훈련을 가기 위해 국외훈련 시기와 훈련국, 훈련 방향 등을 고민하며 새로운 도전을 준비하고 있다.

**방위사업청**
군이 필요로 하는 무기체계를 연구 개발하거나 구매하며 방위력 개선 사업을 관장하고 군수물자 조달과 방위산업육성 업무를 통해 군사력 개선을 담당하고 있다. 군에서 파견근무를 오는 인력 일부를 포함하여 업무 관계자가 육·해·공군과 방산업체 등이기 때문에 군 업무에 대한 이해와 관심이 필요하다.

# 조직과 사람 사이,
# 마음을 전하는 일

반가움에 깊이 손을 맞잡고 안부를 묻자, 그가 불쑥 말했다.

"저 대전으로 이동할지도 몰라요."

정부과천청사에서 근무하는 국존호에게 도대체 무슨 일이 생긴 걸까.

국존호는 소속기관의 변동 없이 다른 기관에서 근무하는 계획인사교류를 통해 서울지방조달청에서 1년간 근무하다 원소속기관인 방위사업청으로 복귀했다. 지난 경력으로 계약을 지원하는 원가회계검증단 가격분석팀에서 근무하게 되었는데, 부처 간 업무 조정으로 그가 속한 부서가 내년 초 대전에 있는 조달청으로 이관된다는 것이다. 조달청으로 전출하는 걸 원하는 동료가 충분하면 걱정 없겠지만, 지원자가 없거나 정해진 인원에 못 미치면 그도 이동할 상황에 놓인다.

통상 대통령 선거 후 새로운 정부가 구성되면 정부조직은 변한다. 2008년 2월 과학기술부와 교육인적자원부가 통합되어 교육과학기술부가 생겼다가, 2013년 3월엔 미래창조과학부와 교육부로 분리되었다. 이외에도 건설교통부는 해양업무를 포함하며 국토해양부로 확장했다가 현재 국토교통부와 해양수산부로 분리되었다. 이런 경우는 다수의 인원이 기존 조직의 형태를 유지하며 분리되거나 통합되는 것으로 새로운 조직에 적응하는 데 큰 어려움이 없다. 하지만 20여 명 안팎의 소규모로 소속기관이 변경되는 경우는 다른 조직 문화에 적응해야 하고 인사, 평가 등에 있어서도 차별 받지 않을까 걱정이 뒤따른다. 게다가 근무지 변경에 따라 주거지를 이동하거나 가족과 떨어져서 생활하는 불편함이 생기기도 한다.

## 나는 어디서 일하고 싶은가?

국존호는 2010년 국가직 7급 공무원 공개경쟁채용시험에 응시해 일반행정직에 합격했다. 성적순으로 부처를 선택하는 상황에서 그의 바로 앞 순서에 국방부가 마감되었다. 통일부, 여성가족부, 방위사업청 중에 고민하던 그는 방위사업청을 택했다. 그의 결정에 어떤 기준이 작용했을까 궁금했는데 의외로 간단했다.

"계획인사교류로 서울지방조달청에서 1년간 근무했는데 훨씬 즐거웠어요. 저에게 좀 더 편안한 조직 문화 속에서 흥미를 느낄 수 있는 업무를 하는 건 분명 좋은 점입니다. 하지만 서울에 있는 가족과 함께하고 싶었고, 육아 문제도 있어 서울에 자리한 방위사업청에 만족합니다."

그런 그에게 불쑥 연고 없는 지역으로 이동할지도 모를 사정이 생긴 것이다.

공무원 시험을 준비할 때는 합격이 급선무로 어느 지역에서 근무하는지는 잠시 고민의 대상에서 제외된다. 하지만 막상 출퇴근을 시작하면 근무하는 지역이 만족도의 중요한 변수다. 혼자 살다가 주거지를 옮기는 것도 불편함이 이만저만이 아닌데, 결혼 뒤 아이까지 있다면 배우자의 직장, 아이의 돌봄이나 학교 문제가 겹쳐 더욱 복잡해진다. 우선 몇 달은 출퇴근을 해 보지만 점점 피로가 쌓이고 급기야 주말부부로 변하는 경우도 적지 않다.

　누구에게나 부처를 선택할 기회가 충분히 주어지진 않지만, 부처 선택을 할 수 있을 때 국존호와 같이 우선순위가 명확하면 좋을 테다. 하지만 대부분은 상황에 따라 변한다. 일하면서 생기는 문제나 동료 또는 상사와의 갈등, 도저히 적응할 수 없는 조직문화를 경험하면서 임계치를 넘은 순간 새로운 길을 모색하기도 한다. 부처를 선택할 때 어떤 업무를 하는지, 그 속에서 자신의 역할이 무엇인지, 주요 고객은 누구이고 어떤 민원이 많은지, 본부와 소속기관은 어디에 있고 원하는 지역에서 근무할 수 있는지 등을 사전에 조사하면 시행착오를 줄일 수 있다.

## 직장인으로서의 공무원과 공직자로서의 공무원

　언론을 통해 공무원을 준비하는 사람들의 목소리를 들으면 무엇보다 고용의 안전성을 최고의 매력으로 꼽는다. 물론 면접에서 정년까지 일할 수 있기에 공직의 문을 두드렸다고 답하는 이가 몇이나 될지, 또 이런 생각이 입 밖으로 나왔을 때 면접을 통과할 수 있을지 의문스럽지만 말이다. 어쨌든 어느 정도 시간이 지나면 직장인으로서의 공무원 생활에 익숙해진다.

　국존호는 공무원은 고액 연봉은 아니어도 경제적으로 안정된 생활 속에서 가족과 함께 보낼 시간을 갖고 사람들과 교류하며 자신을 발전시킬 수 있는 직업이라 만족스럽다고 했다.

　"면접 때 '공무원이 되면 이래야지' 하며 작성했던 답은 이제

기억조차 나지 않아요. 아마 진심을 다해 쓴 것이 아니었나 봐요."

기대했던 답이 아니었다. 그의 입에선 어려운 환경 속에서도 조직을 사랑하고 국민을 위한다는 명분을 붙들고 생활하고 있다는 말은 나오지 않았다.

국존호가 근무하는 방위사업청은 연관검색어로 방산 비리가 떠오를 만큼 조직에 대한 부정적 인식이 상대적으로 강하다. 아직도 조직 내부는 물론 외부기관에서도 방위사업에 대해 꼼꼼하고 광범위하게 점검한다. 이는 구성원들에겐 엄청난 스트레스로 작용하고, 조직 분위기를 위축시킬 수 있다. 자칫 구성원의 자존감에 상처를 주어 공직에 대한 회의마저 들게 할 수도 있다. 이에 대해서도 그는 평온하고 담담했다.

"비리라고 언론에 보도되며 기소된 사건 중 많은 부분이 무죄로 선고되었어요. 동료들도 모두 공정하고 투명하게 일하기 때문에 그만큼 깨끗해졌다고 생각합니다. 외부의 편향된 시선에 분노나 억울함은 없어요. 첫 근무지인만큼 애정이 있지만, 조직 자체에 대한 사랑은 상대적으로 크지 않은 것 같아요. 대신 저는 공직생활을 하며 어떤 자세를 가져야 하는지 더 자주 고민합니다."

또 한 번 놀랐다. 조직에 대한 사랑이 크지 않다니. 120퍼센트 공감하지만 입 밖으로 내기 어려웠던 그 말을 듣는 순간 시원함과 불편함이 공존했다. 누구나 업무 서류에 묻혀 이미 수차례 수정한 보고서를 또 고치느라 퇴근 시간을 훌쩍 넘기기도 하고 반복되는 민원이나 강력한 감사에 영혼이 탈탈 털리는 경험을 한다. 그런 과정에 실망하고 회의를 느껴 조직을 떠나려는 사람도 있고, 공직을 따박따박 월급 받는 곳으로 제한하는 사람도 있다. 그도 그럴까 생각했지만, 어떤 자세로 임해야 하는지를 종종 고민한다는 말에 참 다행이다 싶었다. 공무원으로서의 조직에 대해 일정한 거리 두기가 어쩌면 매일 아침 쌓여 있는 고단함을 버텨 내는, 뒤돌아서지 않고 묵묵히 남아서 조직을 지켜 내는 자신만의 방법일지도 모르기 때문이다.

### 막다른 골목에서 찾아온 터닝 포인트

국존호는 본부 운영지원과와 조직 문화 개선을 위한 TF팀에서 근무했다. 그는 업무를 하며 아쉬움이 있었다. 특히 TF에서 근무할 때는 청바지(청을 바꾸는 지식콘서트)를 운영했는데, 야구선수 박찬호, 한국홍보전문가 서경덕, 우주비행참가자 고산 등을 섭외하여 당시 반응은 뜨거웠으나 사업을 중시하는 청의 특성상 업무 자체에 대한 평가는 높지 않았다. 이후 그는 군수품 획득을 추진하는 사업팀으로 발령 났다.

"해군 사업을 맡았는데 국방규격서도 암호 같고, 저는 공군에서 군 생활을 했기 때문에 해군 조직이 낯설어서 고생했어요."

사업부서에서의 첫 시작부터 그는 잔뜩 긴장했다. 방위사업의 추진 근거와 업무 진행 방식은 행정 지원과 기획 업무와는 다른 모습이었다. 그는 기존 업무 경험이 초기화되는 느낌으로 적용 법령을 찾아가며, 업무 연혁과 다양한 이해관계를 파악하고 논쟁이 되는 부분을 따로 정리해야 했다. 마음 놓고 함께할 키다리 아저씨 같은 멘토가 있으면 좋았겠지만, 그에겐 허락되지 않았다. 게다가 연평도, 백령도와 같은 곳에 출장 가기 위해 인천항여객터미널까지 갔다가 갑작스러운 기상악화로 배가 뜨지 않아 섬에 들어가지도 못하고 돌아온 적도 있었다. 이래저래 밤잠을 설쳤지만, 무사히 사업을 마무리했다.

두 번째로 맡은 기상레이더 구매 사업은 상용물자인 레이더를 구매해 군에서 요구하는 성능에 맞는 조건으로 원하는 장소에 제공하는 것이 주된 임무였다. 그런데 사업에 관여하는 각 군의 담당자 모두 전문 분야가 달랐다.

"각 비행단 기상대에서는 다들 기상 관련 업무가 특기라 사업 담당이 되었지만, 기상레이더 운용을 처음 하는 경우도 있고, 사업 추진을 처음 하는 경우도 있었어요. 개인의 특성에 따라 다른 모습을 보이더라고요."

나이, 외모, 성격, 경험이 다른 그들 중 어떤 사람은 정비전문가이고, 다른 사람은 운용전문가이며, 또 어떤 사람은 레이더 설치를 1차 때부터 참여해 경험이 많았고, 또 다른 사람은 처음 참여하는 초심자였다. 국존호도 처음 해 보는 분야였지만 다양한 사람을 만나면서 업무를, 사람을 폭넓게 이해할 수 있었다. 전화나 메일로 회의를 준비하고, 또 회의를 진행하면서 업무의 본질에 접근하는 방법을 배웠다. 각 분야의 담당자들이 서로의 장점을 타인의 단점을 채우는 데 기꺼이 나누어 주었다. 그는 업무와 관계의 중심에 서서 서로를 이어 주었다. 정비전문가의 노하우를 운용전문가에게로, 운용정보는 사업담당자에게로 흐르게 하고, 유경험자의 필살기는 무경험자에게 전달하며 초심자의 질문은 사업 진행의 체크리스트로 활용하는 등 정보와 지식이 활발히 흐르며 가져온 상승 효과를 경험했다.

처음 사업을 담당하면서는 육지에서 일하다가 수많은 섬 중 하나가 된 듯한 외로움도 느꼈다. 기상레이더 사업을 하면서도 기존 사업과는 또 다른 분야여서 긴장했다. 특히 다양한 환경의 사람들과 업무를 하다 보면 각자 이해관계가 달라 스트레스를 받기 마련임을 익히 알고 있었기 때문이다. 그런데 이런 다름에 맞서고 상대를 설득하는 것이 아니라 서로의 부족함을 채우도록 흐르게 함으로써 업무의 효율이 올랐고 관계에 대한 만족도까지 높아지는 계기가 되었다. 그렇게 국존호에게는 막다른 골목이라 생각한 순간 조직 생활의 전환점이 찾아왔다.

### 상대의 틀 안으로 들어가는 것, 지음

조직에는 여러 종류의 사람이 있다. 보기만 해도 반가운 이가 있고, 어떻게 해도 잘 맞지 않는 이도 있다. 이 사람만 아니면 누구라도 괜찮겠지 하며 다른 부서로 이동하지만 또 다른 이유로 다른 사람들과 부딪히기도 한다.

한때 온라인상에서 상사와 부하의 궁합 유형이 큰 인기를 끌었다. '멍게, 멍부, 똑게, 똑부'가 바로 그것인데, 멍게는 멍청하고 게으른 사람, 멍부는 멍청하고 부지런한 사람, 똑게는 똑똑하고 게으른 사람, 똑부는 똑똑하고 부지런한 사람을 일컫는 우스갯소리다. 직장에선 어떤 유형의 인물을 선호할까. 각자의 직위나 성향에 따라 선호하는 유형이 다르겠지만 통상 대개 똑게 상사와 똑부 부하의 조합을 이상적으로 분류한다고들 한다. 똑부 상사와 멍게 부하의 조합에서 상사는 다그치고 부하는 맞지 않는다고 생각하며, 멍게 상사와 멍부 부하의 조합에서 상사는 요청만 하고 부하는 그냥 열심히만 한다. 상사에겐 똑부이고 부하에겐 똑게이면 좋겠지만, 누구는 나를 멍부라고 또 다른 누구는 멍게라고 평할지 모를일이다. 국존호는 똑부, 똑게, 멍부, 멍게 중 어디에 있을까.

"똑게, 똑부도 좋겠지만 상대를 이해하고 같은 편이 되는 것이 더 중요한 것 같아요. 지음(知音)이 되는 게 어떨까요?"

그는 서울조달청에서 계약 업무를 담당했던 때를 떠올렸다. 의료장비 MRI 계약을 진행하는데 한 업체에서 제안서를 제출하러 방문했다. 구비서류가 제대로 포함되었는지 확인하고 돌아설 수도 있었지만, 하나하나 서류를 확인하던 그는 "선생님은 MRI를 공짜로 찍을 수도 있나요?" 하며 엉뚱한 질문을 했다. 예상치 못한 질문에 상대는 "찍을 수는 있겠지만 이를 판독하는 것은 의사의 영역이라서요"라며 말문을 열었고, 잠시 후 자연스레 MRI 시장에 대한 설명이 이어졌다.

인체모형을 만드는 3D프린터 계약을 담당했을 땐 뜬금없이 우주비행참가자 고산을 소환했다. 최근 고산이 3D프린터 사업을 시작했다는 것을 알던 국존호는 이를 대화의 소재로 꺼냈고, 업계 상황을 솔직하게 들을 수 있었다. 이런 과정으로 얻은 정보는 계약 관련 자료의 정리와 상사 보고 등에 충분히 활용되었다.

공무원이 하는 업무는 법령과 규정의 준수가 기본이다. 여기에 기존 방식을 더해 처리하는 경우가 잦다. 하지만 상대를 보지 않고 이 틀에만 머무른다면 '역시 공무원이다'라는 평에서 벗어나지 못한다. 개인, 시장 그리고 사회가 마주한 환경이 변하고, 그에 따라 법령의 해석을 달리하거나 심지어 법규를 개정해야 하는 상황에서 상대방의 이야기 속으로 들어가는 것은 점점 공무원 업무 수행에 있어 필수 조건이 되고 있다.

"지금까지 공무원으로 느낀 저만의 업무 요령이라면 상대의 틀 안으로 들어가서 그 사람이 알고 있는 것을 말하도록 하는 것입니다. 이야기를 듣고 서로 신뢰를 쌓는 것이 먼저죠."

국존호는 더 깊이 설명하지 않았지만 상대의 틀에 들어가는 것, 그의 이야기에 귀 기울이는 것은 외부 고객뿐 아니라 부하, 동료, 상사 등 내부 협력자에게도 필요조건이라는 표정이었다.

## 내부인이 되면 발생하는 나비효과

일을 하다 보면 가끔 국외 출장을 가곤 한다. 선진 기술이나 행정 체계를 배우기 위해 단기간의 교육에 참여하거나 업무 분야에 있어 최신 정보와 요령을 공유하러 국제회의에 참석할 수도 있다. 이 경우는 상대적으로 선호도가 높다. 반면 남들이 선뜻 양보하여 국외 출장의 차례가 내게 돌아온 것이라면 출국 전부터 귀국해서까지 손에서 서류를 놓을 수 없는 빡빡한 현장 점검을 위한 것일 가능성이 높다.

국존호는 기상레이더 구매 사업을 추진하면서 핀란드를 두 번 방문했다. 핀란드에 있는 계약 업체와 연례 업무 협의를 진행하기 위함이었다. 급박한 현안 사항은 아니었지만, 사업을 추진하며 발생하는 크고 작은 여러 문제를 논의했다. 그런 문제들이 해소되어 사업 종료를 앞두고 여유롭게 마지막 핀란드 방문을 계획하며 항공권까지 구매했던 국존호는 사내 게시판에서 서울지방조달청과의 계획인사교류에 관한 공고를 보았다. 군과 업체 등 그간 애써 온 협력자와 함께 사업을 멋지게 마무리할 시점에, 어쩌면 마지막일지도 모를 핀란드 방문을 포기하고 그는 서울조달청으로 출근하는 걸 선택했다.

예상보다 일은 많았고 처음 해 보는 계약 업무는 그를 더욱 쭈뼛거리게 만들었다. '다들 바쁜데 어떻게 업무를 배울 수 있을까? 어떻게 친해질 수 있을까?' 궁리하던 그는 전임 교류자가 서울조달청에서 동료들과 친하게 지내긴 했지만 왠지 모르게 남의 식구로 대하는 것처럼 느껴질 때가 있었다고 말한 것을 떠올렸다. 그래서 '최대한 내부인이 되어 보자'는 목표를 세웠다.

다행히도 며칠 지나지 않아 한 주무관을 만났다. 경험이 많은 그는 소위 계약의 A에서 Z에 이르기까지 다양한 상황과 문화에 대해 차근히 설명하고 물음에 답해 주었다. 하루는 저녁 식사

자리에서 수다를 이어가다 기타를 샀는데 배울 기회가 없어 모셔 두고 있다는 말을 듣고, 국존호는 덜컥 "제가 알려 드릴까요?" 말해 버렸다. 서울조달청으로 옮긴 지 3주 만에 기타에 관심 있는 사람들과 함께 통기타 소모임을 만들었다. 사실 그는 군대에서 후임병에게 잠시 기타를 배운 뒤 독학으로 기타를 익혔다. 홀로 익혀 연주하지만 누군가에게 가르친 적은 한 번도 없었다.

"퇴근하고 집에서 기타 교안을 만들었어요. 독학할 때를 떠올리며 뭐가 어려웠는지 하나씩 정리했습니다. 그러다 보니 점차 교학상장(教學相長)이란 말을 실감하게 되더라고요."

여덟 명의 동료와 소모임을 시작했는데, 청 내에 소문이 퍼지면서 기관장이 참석한 자리에서 퇴직자를 위한 축하 공연도 했다. 연주자용 스피커가 준비된 무대에서 많은 관객을 앞에 두고 기타를 연주했던 당시의 감흥을 감추지 못했고, 가르치면서 자신의 실력이 훨씬 더 늘었다며 활짝 웃었다. 자연스럽게 업무에 대해 묻고 배우는 과정도 수월해졌다.

그의 내부자 진입은 자연스럽게 이어졌다. 조달청에서는 업무 특성상 외부 출장이 거의 없어 사무실에 앉아 있는 시간이 대부분이었다. 허리 건강과 체형 교정을 위해 요가 프로그램을 찾았는데, 이때 사내 여론의 한 축인 여성들과 교류할 수 있었다. 이후 중년 남성이 주축이 된 테니스 동호회에서 활동하며 교류의 폭을 남녀노소 구분 없이 확장했다.

서울조달청에서 보낸 1년의 시간 동안 국존호는 낯설게만

　　　　　　　　　　　　방위사업청 국존호 주무관

느껴지던 동료와의 관계도, 업무도 장벽 없이 다가가 흠뻑 경험했다. 동료들과 소통하며 좋은 관계 설정, 네트워크 관리를 해둔 덕에 협상, 적격심사, 수의시담을 하며 가격 산정 후 업체와 수요기관의 반응을 살필 수 있었고, 사업이 진행되며 발생하는 문제와 소송으로 이어질 가능성에 대비하고, 또 소송에 대응하는 방법 등을 내부인과 함께 공유해 나갔다.

그가 이런 경험의 효과를 체험한 것은 조달청에서가 아니라 방위사업청으로 복귀해서다. 방위사업은 통상 3~4년에 걸쳐 진행되어 초기 결정이 사업 후반에 어떤 영향을 미치는지 등을 종합적으로 경험하는 담당자가 드물다. 또한 계약 대상이 군수물자로 수요기관은 군(軍)이고 계약 업체도 방산업체로 제한되는 특수성이 있다. 하지만 조달청에서 계약의 생성부터 성장, 소멸에 이르기까지 계약의 전 과정을 관리하는 요령을 익힌 것은 그에게 커다란 기준점이 되었다. 게다가 무엇이든 언제든 물어볼 수 있고, 고민을 나눌 수 있는 멘토가 여럿 있으니 든든하다.

국존호는 원가, 계약 관련 업무를 추진하면서 조달청과 방위사업청 사이 다른 부분을 느꼈다. 조달청에서의 경험을 기반 삼아 조직에서 관행이란 이름으로 행해지던 것에 새로운 시선으로 접근하며 업무를 개선할 방법을 준비하고 있다. 내부 장벽이 외부 장벽보다 더 견고하기 마련인데, 이를 넘으려는 그의 포부를 들으니 서울조달청으로 계획인사교류를 다녀온 경험이 그에게 얼마나 큰 자산이 되었는지 가히 짐작할 만하다.

## 조직에서 내부인은 가정에서 외부인?

정부과천청사로 출퇴근하는 그는 상황이 허락하면 오전 8시에 출근해서 오후 5시에 퇴근하는 유연근무를 하고 있다. 귀가하면 저녁 6시 40분. 식사 뒤 온 가족이 모여 매일 한 시간씩 외국어를 공부한다. 그러고 나면 통기타 연주도 하고 아이와 책을 읽거나 놀이를 한다. 평일에는 어머니가 아이의 등·하원을 맡으며 종종 저녁 식사까지 준비해 주셔서 다소 여유롭다. 조직에서의 활동량이 많아지면 가정에서의 위치는 후퇴하기 마련인데, 서울조달청에서는 사람과 업무에 익숙해지느라 바빴으니 그때는 가정에서 겉돌았겠지 싶어 물었다.

"조달청에서는 매일 7시 30분에 출근했어요. 첫날과 마지막 날에도 그랬죠. 물론 바쁠 때는 야근도 하고 주말 출근도 했지만, 계약 업무는 시즌이 지나면 유연근무를 할 수 있습니다. 제가 맡은 품목은 2~3월, 7~9월, 11~12월에 바쁘고, 그 외에는 일정에 여유가 있었어요. 가끔 프리랜서 같은 느낌이 들 정도로요."

국존호는 직장 동료와 어울렸던 기타와 요가 모임은 점심시간을, 테니스는 주 2회 정도 유연근무를 하지 않는 아침 시간을 활용했다. 아침 시간을 활용해 자기 개발이나 건강 관리를 하는 직장인이 많다지만, 달콤한 아침잠의 유혹을 뿌리치고 일어나 가로등이 비추는 거리로 나서기는 쉽지 않다. 게다가 점심시간 커피를 마시며 담소를 나누거나 졸음을 달래는 소소한 즐거움을 포기하다니.

이렇게 그의 생활이 소위 모범적으로 이뤄지는 것은 아내 덕일지 모른다. 그의 아내도 공무원이다. 둘은 소속기관도 근무지도 모두 동일하다. 출퇴근을 같이 하니 하루 대화가 최소 두 시간을 넘는다. 회사에서 일어나는 일의 공유는 물론 육아와 가사 또한 자연스레 공동으로 분담한다. 주위에서 부부 공무원의 애환을 들어 왔던 터라 부부도 때때로 서로에게 거리를 두고픈 생각이 들지 않았을까.

"물론 유리지갑이라 비자금 조성은 불가능하고, 성과상여금 등급을 살짝 낮추는 꼼수도 통하지 않죠. 한 사람만 건너면 제게 무슨 일이 있는지 알 수 있으니까요. 그런데 솔직하면 되니까 특별히 불편한 것 없어요."

비밀을 만들기는 어려울 테지만, 업무 경험을 나눌 수 있고 회사에서 있었던 일에 대한 공감률은 200퍼센트가 넘을 것이다. 부부이자 서로에게 속 깊은 동료이기 때문이다. 그에게 남편이자 아빠로서 스스로에게 더 필요하다고 느끼는 것이 있는지 물었다.

"인(忍)이요."

참을 인이라니. 역시 그도 나와 같은 사람이었다. 동종 업계에서 일하며 조금의 비밀조차 허용하지 않거나, 불쑥불쑥 발생하는 뜻밖의 육아 상황 때문에 인내해야 할 때가 있겠지. 그런데 정반대의 말로 대답을 이어갔다.

"저는 급하고 아내는 느긋해요. 재촉하는 저를 이해해 주죠."

자신은 외출 계획이 있으면 전날 가방 준비는 물론이고 머릿속으로 동선을 미리 그려 본다. 통제할 수 있는 일과 그렇지 못한 일을 생각하다가, 아내에게 감정을 쏟아 내고는 '앗! 내가 왜 그랬지?'라며 후회한단다. 그러니 그가 말한 '인'은 자신을 조절해서 편안한 사람, 소중한 사람에게 함부로 하지 않도록 하는 것, 바로 자기 자신에 대한 것이었다. 조직에서도, 가정에서도, 자기 자신에 대해서도 내부인일 수 있는 모습을 보니 얄밉다.

대화를 마무리하며 조직에서 이루고 싶은 것과 개인의 꿈을 묻자 국존호는 가족 여행 등 워라밸을 추구하고 싶다고 했다. 좋아하는 기타를 치고 수영도 하고 있으며 회사 일도 때론 즐겁고 퇴근해선 가족과 함께 웃는 시간을 보내니 그만하면 괜찮다며 말이다. "승진하고 부서장이 되면 좋겠다고, 그러면 성공했다고 볼 수도 있겠죠. 하지만 우리는 너무도 많은 부서장을 보며 성공했다고 인정하지 않잖아요. 너무 빠르지도 너무 느리지도 않게 갈 수 있으면 좋겠습니다"라는 그의 얼굴은 담담해 보였다.

인터뷰를 마치고 시일이 지나서, 국존호로부터 새로운 소식을 들었다. 고민 끝에 근무지를 여성가족부로 옮겨 새로운 도전을 시작했다는 것이다. 앞으로도 그가 조직에 있는 다양한 기준과 세상에 존재하는 수많은 시선에도 흔들리지 않으며 지금처럼 자신만의 속도로 발걸음을 이어갈 수 있기를, 나도 그러하기를 바란다.

　　　　　　　　　　방위사업청 국존호 주무관

# 도전!
# 국외훈련

## 1. 국외훈련을 준비하는 이유는?

변화하는 시대에 따라 정책 수행능력을 제고하고 선진 지식과 정보, 제도를 체계적으로 연구하고 도입하기 위해서라고 말할 수도 있겠지만, 나는 대학 시절부터 해외 유학을 꿈꿔 왔기 때문에 이를 실현하기 위해 국외훈련을 준비하고 있다. 사실 타 부처인 조달청에서 1년 근무하면서 시야가 넓어진 것 같다. 해외 행정을 체험하고 연구할 기회가 주어진다면 개인 능력 발전에도 큰 도움이 될 것이다. 또 훈련 기간 동안 근무 경력도 인정되고 급여 외에 체재비, 학비 등을 지원 받기에 상당히 매력 있는 제도다.

## 2. 훈련국은 어떻게 선정하나?

국외훈련의 훈련국은 크게 두 가지로 분류된다. 미국, 영국, 캐나다 등과 같은 영어권, 일본, 독일, 프랑스, 기타 EU 국가, 중국, 러시아, 인도, 중남미 등의 비영어권으로 나뉜다. 내 경우 중국으로 선택해 준비했으나 이제는 다른 훈련국을 고민하고 있다. 평소 관심 있는 나라, 자신에게 친근한 언어를 사용하는 곳을 훈련국으로 정하면 된다. 전략적으로 선발 가능성이 높은 나라를 지원하는 것도 방법이다.

## 3. 선발 과정은 어떻게 진행되나?

우선 부처별로 훈련 과제를 발굴하고 선정해서 인사혁신처로 제출하면 인사혁신처에서 최종 심사를 거쳐 훈련 과제를 확정한다. 그런 뒤 훈련대상자를 선발하는데 영어권은 부처별 선발을, 비영어권은 부처 간 공동경쟁 선발이 기본이다. 훈련 수요에 따라 국가별 훈련 인원을 배정한다.

무엇보다 어학 성적이 다른 경쟁자보다 높아야 선발될 가능성이 높다. 하지만 과제 심사 및 심층 면접을 통해 직무 역량을 검증하기도 하니, 훈련 과제 발굴에서부터 관심을 두고 준비하는 것이 좋겠다.

## 4. 언어 공부는 어떻게 준비했나?

현재는 다른 나라로의 국외훈련을 고민하고 있지만, 이전에는 중국 국외훈련을 목표로 했다. 사실 실력은 부끄러운 수준이지만 고등학교 때부터 중국어를 접했고, 대학에서 중어중문학을 전공하며 다른 언어보다 중국어가 친근했기 때문이다. 중국어를 공부하던 당시의 준비 과정은 이러했다.

국외훈련 선발 중국어시험은 듣기와 독해, 각각 50문제 총 100문제로 구성되어 있으며, 한국외국어대학교에서 주관하는 플렉스(FLEX, Foreign Language Examination) 시험을 변경한 형태다. 중국한어수평고시(HSK, Hanyu Shuiping Kaoshi) 공부는 듣기, 독해, 쓰기로 구성되어 있고 어휘나 문제 유형이 달라 시험 대비와 직결된다고 볼 수 없지만, 실력을 키우기엔 좋다. 중국 영화나 드라마를 보거나 전화중국어, 중국어앱도 활용했다. 시험이 다가오면 한국외국어대학교나 사설학원에서 국외유학을 위한 강좌를 수강하는 것도 큰 도움이 된다.

내 경우는 가족이 함께 외국어를 공부하는데 이 방법을 추천하고 싶다. 언어를 배우면서 가족이 함께 훈련국의 문화를 익히면 동기 부여도 되어서 일석이조다. 여기에 가족 관계가 더욱 친밀해지면 일석삼조가 될 수도 있다.

※ **관련 규정**
공무원 인재개발법 및 같은 법 시행령
공무원 인재개발 업무처리지침(인사혁신처 예규)

방위사업청 국존호 주무관

# 국토교통부

# 김승범 서기관

## 김승범 서기관

군인이셨던 아버지를 보며 자연스레 공직 생활을 접했다. 대학에서 토목공학을 전공하며 국가 인프라 시설을 구축하는 공무원이 되고자 했으며, 2007년 행정고시 기술직 시험에 합격한 뒤 지금은 국토교통부에서 근무하고 있다. 그는 일을 줄이거나 주어진 것만 꾸역꾸역 하는 대신 자신의 생각을 담아 적극 행동하며 업무에서 오는 스트레스를 지혜롭게 관리하고 있다. 국회와 언론 등 외부 소통도 사전에 추진해서 정책에 대한 이해도를 높여 불필요한 오해를 줄인다. 정책이 부정적으로 쟁점이 된 뒤 국회와 언론에 사후 대응할 때 찾아오는 막대한 부가 업무를 미리 차단하는 방식이다. 일에 대한 김승범의 태도는 일견 전투적이다. 조직에서 자신의 존재 이유는 미션의 완수라 생각하며, 이를 위해 팀원과 소통하며 전략과 전술을 세우고 실행한다. 당장의 경제적 보상보다도 추진했던 정책이 국민의 생활에 스며들어 생활이 나아졌음을 느낄 때 더 마음이 충만해진다고 한다. 오늘도 행복의 주춧돌을 하나씩 쌓고 있다.

**국토교통부**

서민들의 주거 안정은 물론 도로, 철도, 항공 등 다양한 교통 인프라를 구축하고, 지진이나 화재 등 재난 재해로부터 안전하도록 노후화된 시설물을 관리한다. 한 해 예산이 50조 원이 넘을 만큼 규모가 큰 사업을 진행하며, 수소도시, 스마트시티, 자율주행차 등 미래 선도 사업에도 투자하고 있다. 광범위한 업무 규모로 전문성과 다양한 경험을 필요로 한다.

153                                    국토교통부 김승범 서기관

# 행복한 삶을 위한
## 정책건축가

일요일 오후. 서울역에서 KTX를 타고, 오송역에서 급행버스 BRT로 갈아탄 뒤 정부세종청사로 향했다. 요즘 겨울은 삼한사온(三寒四溫) 대신 삼한사미(三寒四微)라고 한다는데, 미세먼지 탓인지 인적이 드물었다. 월요일을 앞둔 청사엔 편한 복장을 한 공무원이 드문드문 오갔다. 인터뷰 시각보다 일찍 도착해 이곳저곳 기웃거렸다.

당초 김승범을 만나기로 한 것은 두 달 전이다. 갑작스레 인사 발령이 있었고 그는 쉴 새 없이 바빴다. 소위 3기 신도시 발표라 불리는 '제2차 수도권 주택공급 계획 및 수도권 광역교통망 개선방안'이란 정책이 발표되고서야 다시 연락이 닿았다. 모처럼 가족과 함께하는 주말을 비집고 들어 약속을 잡은 터라 미안한 마음에 "자녀들이 아빠의 주말 외출을 아쉬워할 것 같아요"라고 말하자 이미 가족은 자신의 주말 출근에 익숙하다고 답했다.

## 아버지의 빈자리, 그 이유를 알고 성장하는 것

김승범이 세종시로 이사 와서 가족과 함께 모여 산 것은 채 1년이 되지 않는다. 4년 넘게 아내는 직장이 있는 부산에서 자녀들과 함께 거주했다. 그는 평일은 업무에 몰두했고, 주말에는 부산으로 이동해 가족에 집중했다. 세종에서 가족이 함께 생활한 뒤에는 세간의 주목을 받는 업무를 추진하는 통에 주말부부 시절보다 더 바빴을 것 같다. 아빠의 빈자리를 자녀들은 어떻게 생각할까.

김승범은 서울에서 태어났다. 하지만 군인인 아버지를 따라 군산, 전주, 진해 등으로 옮겨 다녔고 초등학교 5학년이 되어서야 다시 서울로 돌아와 정착했다. 다만 아버지는 강원도와 같은 전방에서 근무하며 군사 훈련도 잦았기에 한 달에 한 번 정도 서울 집을 방문했다.

김승범은 아버지가 존경스럽고 그립다고 말한다. 함께한 절대 시간은 부족했지만, 서로의 숨결을 느끼는 동안 아버지는 언제나 유머러스했고, 종종 아버지를 따라 참석한 모임에서 아버지의 사회적 역할, 선한 영향력을 느낄 수 있었기 때문이다.

"얼마 전 한 목사님을 만났어요. 아버지가 중령 때 사단 작전참모로 계셨는데, 그 목사님은 당시 군종참모로 계셨대요. 그때 교회와 유치원이 불타는 사고가 있었는데, 아버지가 부하를 위로할 뿐 아니라 사태의 수습과 책임까지 떠안던 모습이 아직도 눈에 선하다고 말씀하시더라고요. 아버지가 돌아가신 뒤에도 여전히 아버지를 따뜻한 사람이었다 추억하는 분들을 만나면, '아버지는 참 멋진 분이구나' 새삼 생각합니다."

그의 말을 들으니 한스컨설팅 대표 한근태가 말한 성공의 정의가 생각났다.

내가 생각하는 성공은 돈이 많은 것도, 사회적 지위가 높은 것도, 유명해지는 것도 아니었다. 내가 생각하는 성공이란, '건강한 사회인으로 성장하여 선한 영향력을 발휘해 사회에 조금이라도 도움이 되는 사람이 되는 것'이었다.

〈고수의 질문법〉 한근태, 미래의창, 116쪽

'세상에 선한 영향력을 미친다는 것'과 '사회에 도움이 되는 사람이 되는 것'은 공무원 면접시험을 준비하면서 한 번쯤은 작성하는 예비답안이다. 허나 많은 이들이 공무원은 칼퇴근이 가능하다고 생각하지 않는가. 그래서 나도 땡퇴근을 추구한다.

종종 직장에서 오랜 시간을 보내다 가족들과 점점 멀어지는 선배를 본다. 특히, 자녀가 사춘기를 지날 때면 일상의 교집합을 찾지 못해 오히려 회사를 편하게 여겨 퇴근을 꺼린다. 그때마다 '가족과 함께 지내는 시간이 많았다면 퇴근길의 발걸음이 그토록 무겁지는 않을 텐데' 생각하며 나의 퇴근을 합리화했다.

그런데 자녀들에겐 시간의 길이만큼 어쩌면 그 이상으로 시간의 밀도가 중요할지 모를 일이다. 일찍 퇴근해 평일 저녁 집에 있는 것만으로, 주말에 교외로 나가 맛있는 음식을 함께 먹는 것만으로 부모의 역할을 다하는 것은 아니다. 건강한 사회인은 어떤 모습인지, 또 조직과 사회에서 부모의 역할이 무엇인지 전하고 삶의 방향성을 공유하는 시간을 갖는 것은 자녀에게 부모의 빈자리에 대한 이유를 이해하게 하는 것이기 때문이다.

### 경제적 보상보다 나를 만족시키는 성과

김승범이 직업으로 공직을 생각한 것은 대학교 3학년 때다. 우연히 행정고시 기술직의 일반토목직렬 시험을 알게 되었고, 전공을 살려 국가 인프라 시설을 구축하면서, 군인의 길을 걸어간 아버지를 따를 수도 있겠다고 생각했다. 학군단이었던 그는 졸업 후

국토교통부 김승범 서기관

장교로 군생활을 했고 중대장으로 전역한 2005년 7월부터 시험을 준비했다. 실은 그해 6월 결혼하며 아내와 장모에게 딱 2년간의 수험 생활을 약속한 터라 더욱 간절했다. 다음 해 1차 시험 후 2차 시험 준비에 열을 올리던 중 1차 시험의 불합격 소식을 접하고 좌절했다. 8월 첫째 아이가 태어났고 아빠가 된 그는 심기일전하여 2007년 1차에서 3차까지 한 번에 합격하며 공무원이 되었다.

국민의 안위를 지키기 위해 최전선에 선 아버지의 뒷모습을 보고 자란 김승범, 남편으로서 아빠로서 당당하고자 했던 그는 간절히 원했던 공직 생활을 시작한 지 10년이 훌쩍 지난 지금은 어떤 마음을 지니고 있을까.

나는 종종 조직 생활에 실망할 때가 있다. 상사나 동료와 소통되지 않을 때, 원치 않는 아니 납득하지 못하는 야근을 해야 할 때, 업무 성과에 대한 평가가 불공평하다고 느껴질 때면 이 일을 언제까지 해야 할지 고민한다. 물론 다른 재주도 없으니 쉬이 이 생활을 그만둘 수 없구나 하는 푸념으로 종결되지만 말이다. 그렇다고 공무원이 되겠다고 처음 마음먹고 면접에서도 당당히 말했던 사명감, 책임감, 봉사 정신이 모두 사라진 것은 아니다. 조금 흐릿해지긴 했지만. 어쨌든 힘든 취업준비생을 거쳐 입사한 회사생활에서 다시 퇴사준비생이 되는 요즘 현실을 보면, 그도 한 번쯤은 다른 길을 생각하지 않았을까.

"아직까진 없어요. 사업을 하거나 민간회사에 다니면서 성과에 대한 경제적 보상을 바로 받는 친구를 보면 가끔 부럽기도 합니다. 하지만 공직자에겐 정책이 성공적으로 안착될 때의 쾌감이란 게 있잖아요. 종합해 비교하면 부럽지는 않습니다."

그는 이미 아버지를 통해 공무원이란 직업의 특성을 체득한 듯 보였다. 직업의 안정성으로 일과 삶의 균형 찾기가 아니라 선한 영향력으로, 사회가 발전하고 시민이 행복해지는 것으로 일과 삶의 의미를 찾을 수 있음을 알고 있었던 것이다.

## 내 일을 주도하는 공직자 되기

옷차림을 깔끔히 하고 입 꼬리를 올리며 스스로에게 파이팅을 외치던 첫 출근길. 사람도, 공간도, 업무도 모두 낯설다. 신입직원의 인사에 미소로 반겨 주는 분이 있는가 하면, 굳은 얼굴로 스치듯 쳐다보고 지나는 이도 있다. 출입구에 가까운 자리에 앉아 있는 것도, 정해진 시간에 출근과 퇴근을 하는 것도 어색하다. 특히, 업무는 더욱 그렇다. 해당 분야의 종사자만이 이해하는 그들만의 언어가 있다. 기존 서류들과 관련 서적을 살펴보지만, 단번에 이를 이해하기에는 한계가 있다.

누구에게는 경험하지 못한 새로운 업무가, 또 다른 누구에게는 법령이나 업무 처리 체계, 조직 문화가 장벽이 되기도 한다. 이런 현상이 신입 직원에게만 나타난다면 다행이지만, 통상 2~3년마다 보직을 바꾸는 경우를 생각하면 근무연수나 직급고하의 구분 없이 누구에게나 다가오는 문제다. 김승범은 어떨까.

부서를 이동할 때나 새로운 업무를 맡을 때, 그는 항상 초기

국토교통부 김승범 서기관

에 업무를 장악하려 노력한다. 부서를 이동하면 상사든 동료든 선임자가 있기 마련이고 이들은 업무를 파악하고 있다. 초기에 야근을 하더라도 업무 파악에 많은 시간을 들여 그 간격을 따라잡는다. 이때를 놓치면 근무하는 동안 줄곧 끌려다니고 시키는 업무만하게 된다. 반면 업무를 장악하면 정책에 자신의 생각이 담기고, 이를 추진하며 세세한 부분에 자신의 목소리가 담기면 존재감이 높아지는 경험을 맛보게 된다는 것이다.

"이왕 일하는 거 꾸역꾸역 하기보다 박수 받고 하는 게 좋잖아요. 업무를 피하거나 수동적으로 지시 사항만 처리하는 경우와 스스로 업무에 다가가서 일을 처리하는 경우, 업무 강도가 그렇게 차이 나지 않아요. 오히려 능동적으로 자기가 원하는 방향대로 끌어가면 재미도 있고 성취감도 생겨서 스트레스가 줄어요."

상사의 입장에서 업무를 대하는 직원의 유형은 세 가지로 나눌 수 있다. 첫째는 담당 업무나 지시 사항을 더도 덜도 말고 딱 그만큼 완수하는 유형이다. 둘째는 주어진 임무를 제때, 요구되는 수준으로 완료하지 못하는 유형이다. 마지막으로는 담당 업무나 지시 사항에 자신의 경험과 환경적 요인을 결합하여 한 번 더 고민하여 보고서를 작성하고 업무를 추진하는 유형이다.

현실에선 첫째 유형만 해도 높은 평가를 받는다. 상사마다 업무에 요구하는 수준이나 결과의 기대 수준이 상이하므로 그가 원하는 일정 수준을 맞추는 것조차 쉽지 않다. 하지만 상사가 가장 선호할 것 같은 셋째 유형은 어떻게 되는 것일까. 아니 상사는 직원이 추가로 고민한 흔적을 어디에서, 어떻게 파악하는 것일까.

"직원에게 어떤 일의 개발 일정을 세워 보라고 요청한 적이 있어요. 저희 업무는 통상 지방자치단체와 협의하는 게 필수 절차거든요. 그런데 각기 입장 차이가 있기 마련이고, 이로 인해 종종 협의 과정이 예정보다 길어지죠. 그래서 보통 행정 소요 시간을 고려해 추진 일정을 세워 오죠. 그런데 협의 대상인 지방자치단체장의 공약집을 검토해 우리가 추진하는 사업과의 연결고리를 찾은 거예요. 그러면 어떨까요? 예상 기간 내에 협의가 아닌 합의로 이어질 수 있겠죠. 이런 거 아닐까요."

물론 사람마다 기대치와 관점이 다르겠지만, 김승범은 이렇게 하나의 드문 예를 일러 줬다. 수개월 만에 누구나 이런 경지에 오르는 것은 아니다. 김승범도 드물다고 했고, 나 또한 그런 경우를 잘 보지 못했다. 자신의 일을 주도하면서 생활하는 것은 분명 쉽지 않은 여정이다. 그렇기에 자기 주도적으로 업무를 처리할 때 찾아오는 성과는 상상 그 이상일 것이다.

## 깊고도 넓어야 하는 공직자의 길

눈앞에 놓인 문제에 한 단계 더 들어가 생각하는 능력은 어떻게 개발할 수 있을까. 공무원 시험을 준비하며 보았던 수험서 어디에도 이에 대한 묘책은 없었다. 또 체계적인 보직 경로 관리 시스템으로 개인에 맞는 능력 개발을 이끌어 내는 조직도 드물다.

공무원을 향한 여러 비난 중 하나가 전문성 부족이다. 급변하는 시대에 맞춰 최신 정보를 빠르게 흡수하고 관련 분야의 흐름을 파악하는 것은 물론 정책 수요자의 요구에 부응해야 한다. 하지만 맡은 업무에 능숙해질 때면 다른 부서로 이동해야 하니, 깊이 젖어 들기에는 한계가 있다.

이런 문제에 대응하기 위해 2017년 1월 대통령령으로 '전문직공무원 인사규정'이 제정되었다. 공무원의 전문성과 역량을 높이기 위한 것으로 정부의 기능과 업무 중 고도의 전문성과 장기 재직이 필요한 분야를 전문 분야로 지정하고 전보 범위도 해당 분야로 제한하는 것이 주된 내용이다. 전직 시험을 통하면 일반직 공무원도 전문직 공무원으로 전직이 가능하다고 하니, 앞으로의 공직 생활은 한 우물을 깊이 파야 할까.

이 제도에 앞서 인사혁신처에서 주관하는 각 부처 간 '계획인사교류'라는 제도가 추진되고 있다. 국방부와 기상청, 환경부와 산업자원부, 교육부와 보건복지부 등은 업무 관련성이 낮아 보이거나 상반되는 또는 엄격히 구분되는 역할을 하는 부처지만, 정부 주요 정책 과제나 부처별 업무 계획을 보면 협업하는 과제가 적지 않다. 이처럼 부처 간의 협력이 강화되면서 칸막이를 없애고 우수사례를 공유하기 위해 인력을 교류할 필요가 생겼다. 1~2년간 타 부처에서 근무하면 교류 수당은 물론 인사상 가점과 성과평가에서도 인센티브가 제공되는데, 이는 행정의 폭을 넓히는 기회가 된다.

공무원으로 임용되고 5년이 지날 즈음 나는 어떤 길을 가야 할지 고민이 생겼다. 여러 분야의 업무를 하며 시야를 넓히고도 싶었고, 그렇게 이 일 저 일을 하다 보니 한 업무에 깊이가 없어 누구라도 내 자리를 대신할 수 있을 것 같은, 그래서 굳이 나를 찾지 않을 것 같은 느낌마저 들었다. 행정안전부 지역발전과에서 공직을 시작해 경기도청에 파견가서 도시정책과, 주택정책과 등에서 일했고 지금은 국토교통부에서 근무하는 김승범도 그럴까.

과거 두 조직에서의 경험, 특히 지자체에서 근무한 경험이 정책을 수립하는 국토부와 현장에서 실행하는 지자체의 연결고리를 찾는 데 큰 도움이 되었다고 한다. 현장의 의견, 비록 그것이 정책을 반대하는 것일지라도 사전에 소통하고 개선하면 결과적으로 시행착오를 줄여 정책을 성공으로 이끌 수 있다고 말이다.

"많은 분들이 스페셜리스트와 제너럴리스트를 사이에 두고 고민합니다. 최근 들어 다시 깊이보다 넓이를 강조합니다. 신도시 발표를 보더라도 주택뿐만 아니라 교통과 자족 기능 등 여러 가지 정책이 융합되거든요. 하지만 전문성이 없는 제너럴리스트는 정책의 완성도를 높일 수 없다고 생각합니다. 우선 자신의 분야에서 전문성을 갖춘 다음 스펙트럼을 넓혀 보는 게 어떨까요."

행복주택정책과, 홍보기획팀, 자동차보험팀 등을 거쳐 공공택지기획과장으로 근무하는 그의 이력을 들으니 닉 러브그로브가 쓴 〈스워브〉가 생각난다. 깊이에 대한 필요와 넓이에 대한 열망 사이에서 고민하는 200여 명을 인터뷰한 책이다.

스워브는 축구, 미식축구 등에서 상대방의 태클을 피하기 위해 이리저리 몸의 방향을 바꾸는 기술을 말하는데, 닉에 따르면 일에서도 이리저리 방향을 바꾸어 폭을 넓혀야 성장할 수 있다는 것이다. 닉은 책에서 '하나밖에 모르는 바보'와 '팔방미인이지만 하나도 제대로 없는 사람'을 극복하는 방법으로 T자형 접근법을 제안했다. 한 가지 영역에서 자신의 주제가 될 진짜 전문성을 키운 다음, 그것을 폭넓은 상황에 걸쳐 응용하고, 또 폭넓은 경험에서 배운 교훈을 다시 자신의 전문 분야에 적용하는 것이다.

### 스워브 전략이 가져오는 효과

김승범은 사무관 시절 2년 반 정도 행복주택 업무를 담당했다. 행복주택은 대학생, 신혼부부, 사회초년생 등 2030세대를 위해 임대주택을 보급하는 것인데, 당시 임대주택이 들어서면 주위 집값이 떨어진다는 선입견이 심해서 해당 지역의 반발이 엄청났다. 정책계장이었던 그는 행복주택은 기존 임대주택과 달리 학교나 직장을 다니는, 당장 목돈이 부족한 2030세대를 위한 주택임을 해당 지자체와 지역 주민에게 설명하고 설득하러 다녔다.

여기에 국회와 언론에 정책을 정확히 설명하는 것도 잊지 않았다. 정책을 추진하다 보면 국회에서 요구한 자료에 충분히 설명하지 못할 경우, 부정적인 측면이 부각되어 언론 기사로 확산되는 경우가 종종 있다. 이 연결고리를 공략한 것이다.

"저는 행복주택 업무를 할 때 정책홍보를 위해 국회도 많이 다녔어요. 의원실에서 자료를 요청하면 제출하는 데 그치지 않고 갖고 가서 보좌관이나 비서관을 만나 설명했습니다. 국토교통위원회 의원이 서른한 명인데, 거의 다 만난 것 같아요. 선배들은 국회와 언론을 멀지도 가깝지도 않게 적당히 거리를 두라고 하는데, 저는 적극 소통하자는 편입니다. 제대로 알려서 객관적으로 평가받고, 지적이 타당하다면 정책에 반영하면 되는 거니까요."

그는 언론 대응에서도 능동적이었다. 행복주택에 관해서 잘못된 기사가 나왔을 땐 해명자료를 올리는 것은 물론 해당 언론사에 전화하여 설명하고 수정을 요청했다. 그러면서 알게 된 기자들과 함께 행복주택에 관한 아이템을 발굴했고 긍정적인 기사로 이어졌다. 여성 주거 안전 문제가 사회의 관심에 오를 때는 도어락 등 방범시설이 잘 설치되어 있어 여성 대학생도 안전하게 거주할 수 있는 공공주택으로 행복주택이 소개되기도 했다.

김승범은 공직 생활 중 가장 기억에 남는 업무로 행복주택을 꼽는다. 부정적인 기사가 터지고 수습하는 대신 초기에 정책을 잘 홍보하는 전략도 배웠고, 입주 대상인 대학생, 직장인 등과 자주 만나면서 수요자 중심의 정책으로 진화할 수 있다고 평가했다. 행복주택은 시간이 지나면서 국공립유치원, 작은 도서관 등 지역 주민이 이용할 수 있는 시설을 함께 짓는 방향으로 확장했고, 이제는 행복주택을 지어 달라는 지자체도 있을 만큼 정책이 안착되었다. 가끔 행복주택에 입주해 만족하는 모습을 언론 등을 통해 접할 때면 그는 정말 공무원이 되길 잘했다는 자긍심을 느낀다. 분야에 대한 지식만 파고 넓힌 것이 아니라 시민, 국회, 언론 등 관계에서도 폭을 넓혔기에 가능했다.

그 덕이었을까, 토목직 공무원으로 시작한 그는 당초 보직 경로로는 생각하지 못했던 홍보기획팀장으로 2년 가까이 근무했다. 공공택지기획과장으로 3기 신도시를 조성하면서 교통의 중요성을 다시 한 번 깨달은 지금, 다음 보직으로 국민 생활과 밀접한 교통 분야에 도전하고 싶다고 한다.

### 언제 어디서나 당당할 수 있기를

스워브는커녕 이리저리 부처만 스위치 하던 나에게 그의 업무 처리 방식은 신선했다. 업무를 맡으면 우선 법과 규정을 검토하고 '감사관이라면 이를 어떻게 볼까'라며 소극 해석에 익숙해진 내겐 너무 다른 세계였다. 인터뷰 전만 하더라도 건설과 토목에 대한 고정관념으로 국토교통부의 업무와 조직 문화가 권위적이고 투박할 것이라고 생각했다. 금세 쓰레기통으로 들어갔지만.

"국토부는 조직의 규모가 크니까 조직 문화가 그리 권위적이지 않은 것 같아요. 또 업무가 '이런 문제를 어떻게 해결하지?' 하는 문제 해결 지향적인 성격이 강해서 좀 더 진취적인 것 같아요."

에둘러 표현한 그의 말처럼 나는 '인·허가를 승인하면 어떤 문제가 생기지?' 하는 시선으로 일했다. 그렇다 보니 업무를 대하는 마음이 점점 더 좁아졌고, 그 영향은 급기야 생활에까지 이어졌다. 그렇다 보니 근무 기관이라도 바꿔 보고 싶었다. 아마 1년 전에 그를 만났다면, 지금과는 다른 선택을 했을지도 모를 일이다.

혹여 지금 근무하는 기관에서 타 부처로 인사교류를 추진하려 한다면 감히 그러라고 권하고 싶다. 하지만 딱 한 번만, 신중에 신중을 기해 딱 한 번만 하기를. 두 번 이동한 나로서는 첫 번째와 두 번째의 차이가 컸다. 첫 번째는 상대적으로 젊기도 했고 업무에 대해, 관계에 대해서도 걱정하지 않았다. 하지만 두 번째는 교류 자체가 쉽지 않았다. 직급, 직렬, 연령, 승진 시기가 비슷한 이를 찾기도 쉽지 않을뿐더러 면접 질문도 매서웠다. '왜 이곳이냐? 이 부처가 아니면 안 될 이유가 무엇이냐? 옮기는 것이 본인에게 문제가 있는 것은 아니냐?' 등 날 선 질문이 이어졌다. 사실 꼭 이곳이어야 하는 이유는 선명하지 않다. 정말 조직의 문제가 아니라 나의 문제여서 단순히 부처 이동만으로 해결되지 않을 수도 있다. 연고지를 고려한 결정이라거나 적성에 더 적합한 업무를 하고 싶다고 대답해 보지만 굽은 시선은 쉬이 펴지질 않는다.

요즘은 평판에 대한 조회가 훨씬 용이해졌다. 한두 사람만 건너면 다 알만큼 좁은 공직 사회이기에 주위의 냉철한 평가로부터 자유로울 수 없다. 이런 상황에서 김승범은 그가 속한 부처, 일하는 부서에 상관없이 한결같이 업무를 주도하며 최선을 찾으려는 삶의 태도를 보여 준다. '현직에서는 물론 퇴직한 후에도 당당할 수 있을 만큼, 나는 최선을 다하는가?'라고 스스로 자문했을 때 쉽사리 대답할 수 없지만, 내가 김승범의 이야기를 듣고 어깨를 펴고 나의 민낯을 마주할 용기가 생긴 것처럼 나 역시 누군가에게 긍정적인 영향을 미치는 사람이고 싶다.

국토교통부 김승범 서기관

# 기획에서 홍보까지
# 리드하며 일하기

### 1. 공무원에게 기획이란 어떤 의미인가?

정부 정책은 통상 부처의 과 단위로 운영되며, 해당 과장과 부서원은
정책을 계획하고 집행하는 주체다. 범위는 소소한 불편을 개선하는 것부터
대통령에게 보고되어 국민 삶에 깊숙이 퍼지는 사항까지 다양하다. 그동안
내가 담당했던 업무는 재개발, 재건축, 공공 임대 주택인 행복주택, 자동차보험,
3기 신도시 업무 등으로 많은 예산을 수반하며 국민 생활에 미치는 영향이
큰 것도 상당하다. 이러한 정책들은 대개 담당 부서에서 작성한 보고서에서
출발하는데 제대로 기획한 보고서는 공감 받는 정책으로 이어져 국민에게
박수를 받지만, 그렇지 않은 기획은 국가에 독이 되고, 국민에게 지탄 받는다.
정책의 출발점에 기획이 있는 거다. 그런 면에서 공무원에게 가장 중요한 능력
중 하나가 기획력이다.

### 2. 좋은 기획을 만드는 비법이 있나?

무엇보다 업무에 대해 깊이 고민하고 확신을 가져야 한다. 우선 '왜 그런
정책이 필요한지?', '필요한 정책이 구현되기 위해 무엇을 준비해야 하는지?'를
항상 고민해야 한다. 정책의 필요성에 대한 고민이 확신으로 이어지고, 또
정책의 구현 방법과 효과에 대한 고민이 확신으로 이어질 때 정책은 더욱더
깊어진다. 여기에 전문가와 국민 의견이 더해지면 더더욱 좋겠다.

국민의 요구에 맞는, 눈높이에 맞는 정책을 기획하기 위해서는 소관
업무를 넘어서 사회 이슈를 꾸준히 접하고, 다른 부처와의 협력 체계에도
관심을 가져야 한다. 내가 한창 3기 신도시 개발 업무로 고민할 때 수도권의
경우 국공립 유치원 입학을 위해 수년간 대기해야 한다는 뉴스가 자주
보도되었다. 저출산 문제 해결을 위해서도 육아 환경은 반드시 개선해야 한다.

여기에 착안해 3기 신도시에는 100퍼센트 국공립 유치원을 공급하겠다는 정책을 수립했다. 나중에 온라인 빅데이터 분석 결과를 보았는데, 국공립유치원 정책과 신도시 정책의 융합에 국민은 상당히 긍정적인 평가를 하는 것으로 나타났다.

### 3. 기획력 외에도 공무원에게 필요한 자질이 있는가?

아무리 좋은 기획이어도 실행되지 않으면 그저 공상일 뿐이다. 기획이 정책으로 이어지려면 실행력이 뒷받침되어야 한다. 정책을 자동차라고 한다면 담당 부서는 운전자이고, 법령 등 추진 근거와 예산은 연료다. 운전자는 자동차를 타고 최상의 연비로 안전하게 목적지에 도착하려 할 것이다. 이것이 정책을 실현하는 과정이다. 정책을 잘 만들고 실행하는 것만큼 중요한 것이 있는데 바로 홍보다. 잘 만들어진 정책이라도 초기에 메시지 관리에 실패하는 등 제대로 홍보하지 못하면 오해와 비판을 받는 경우가 종종 있다. 홍보란 일방적으로 정책을 설명하는 보도자료를 배포하는 것이 아니라 국민과 소통하는 것에 가깝다. 국민이 쉽게 이해하는 용어로 전달하고 국민의 반응을 살펴 피드백이란 과정을 통해 다시 정책을 기획하는 과정으로 이어져야 한다.

### 4. 어떤 동료와 함께 일하고 싶은가?

사무관 초임 때 선배가 "네가 장관이라고 생각하고 일해라"는 말을 했다. 가볍게 듣고 넘겼는데 부서장이 되니 이제야 그 말의 의미를 알겠다. 간혹 과장이 되면 시키는 일을 제대로 하는 직원을 선호한다고 하지만, 여기서 한 걸음 아니 반 발자국만 먼저 생각해 설령 부서장과 반대하는 의견일지라도 논리와 근거로 제안하는 직원은 단연 최고다. 직급의 제한 없이 자기 일을, 담당하는 정책을 이끄는 직원이 곧 리더이기 때문이다.

국토교통부 김승범 서기관

# 자신만의 방식과 속도로
# 꿈꾸는 사회에 다가서는 공무원들

주말 동안 뒹굴뒹굴하며 휴식을 취했건만, 월요일 아침이면 몸과 마음은 무거워지고 두 발은 동동거린다. 가까스로 사무실에 도착해서 자그마한 책상 아래 두 무릎을 가지런히 모아 놓고 서류를 펼치면, 내 능력과 자질 때문인지, 조직의 태생적 한계인지 구분하기 힘든 고민과 갈등에 빠진다. 이렇게 '너와 나', '공과 사'가 충돌하는 지점에 놓일 때, 털썩 마음을 내려놓고 5년 뒤, 10년 뒤 자신의 모습이 궁금해지는 순간이 찾아올 때면 잠깐 멈추어 동료 공무원의 속마음을 들어 보는 건 어떨까.

이번 기획은 '어떻게 하면 공무원이 될 수 있을까?'라는 질문이 아니라 '왜 공무원이 되고자 하는지?', '어떤 공무원으로 살아가고 싶은지?', '공무원으로서 마지막 모습은 어떠하길 꿈꾸는지?'와 같은 공무원이란 업(業)에 대한 물음에서 출발했다. 그리고 일곱 명의 젊은 공무원을 만났다.

워라밸이 아닌 듯한 상황에서도 워라밸이 가능하다고 말하는 장재호, 조직에서 개인의 성공보다 우리와 사회가 함께 성장하는 것에 관심을 갖는 장미부터 '할 수 있다'는 규정과 '하지 않아도 괜찮다'는 동료 사이에서 단단하게 해내려는 조남식, 꾸준히 준비하고 도전해서 공공의 범위를 국제 사회로 확장시킨 김휘린까지, 이들은 꽉 막혀 답답하고, 자신의 안위만 챙긴다는 공직에 대한 매서운 시선에서 벗어나 맡은 분야에서 자신만의 빛을 발하고 있다. 때론 치열하게 때론 담담하게 살아가는 그들의 이야기를 들으며, 나는 다른 듯 다르지 않은 일상에 공감하고, 같은 듯 같지 않은 생각과 태도에 위로 받았다.

다만, 인터뷰이가 10년 내외의 경력을 갖고 있어 앞으로 남은 20년 이상의 공직 생활에서 그들이 어떻게 변할지 잘 그려지지 않았다. 그래서일까. 공무원이란 직업에서 마무리하는 시기에 접어들었거나 사명감의 무게에서 한결 가벼워진 선배들의 통찰이 궁금해졌다. 두 명의 선배를 만났고, 이야기를 나누는 내내 공무원으로서 나의 뒷모습이 어떠할지 생각해 보았다.

첫 번째 만날 선배는 광주광역시 광산구 우산동에서 마을복지를 책임지고 있는 엄미현 동장이다. 사회복지 공무원으로 시작해 30년째 공직 생활을 하고 있으며, 자신은 '국가를 울타리로 하는 지역복지 활동가'라고 소개한다. 그에게서 샘솟는 에너지의 근원이 무엇인지, 무엇이 그를 움직이게 만드는지 듣고 싶었다.

다음은 임관식 선배로 조달청 9급 공무원으로 시작해 여성가족부 고위 공무원으로 퇴직하였다. 40년에 가까운 공직 생활을 하며 다양한 사람을 만나고 크고 작은 일을 버텨 낸 그이기에, 긴 여정 속 현실의 무거움과 가벼움에 대해 물었다.

# 선한 영향력으로 사회 구석구석을
비추는 활동가,

## 광주광역시 우산동장
엄미현에게 듣다

Q : 어떤 계기로 사회복지 공무원의 길을 걷게 되었나?

A : 어렸을 때의 꿈이 공무원이나 사회복지사는 아니었다. 어쩌면 친정엄마의 영향인지도 모르겠다. 엄마는 일찍부터 신앙생활을 하셨는데, 누구든 우리 집에 오면 뭐라도 먹여서 보내야 하는 성격이셨다. 자격증 없는 사회복지사 같았다.

나는 대학을 졸업한 뒤부터 성당에 다니기 시작했다. 그러고 얼마 지나지 않아 신부님이 중등부 교리 교사를 내게 맡겨 주셨다. 그때 한 남매를 만났는데 매주 착실하게 나오던 아이들이 갑자기 나오지 않는 거였다. 수소문해 보니 엄마가 일찍 돌아가셔서 아빠와 셋이서 살았는데, 아빠마저 돌아가시고 큰집에서 살게 되어 더 이상 만나지 못했다. 그때 '이 남매는 누가 도와줘야 해?'라는 질문이 떠올랐다. 국가가 그 역할을 할 테고 사회복지사가 되면 어린 남매와 같은 친구들을 도울 수 있지 않을까 생각했다. 나는 대학에서 사회복지학을 전공한 것이 아니라 국립사회복지연수원에서 공부하고 사회복지사 자격을 획득했다. 1990년대 초기에 정부에서 사회복지직 공무원을 확대할 때 공직을 시작했다. 뭐든다 할 수 있을 거란 부푼 꿈을 갖고서.

Q : 예상치 못한 이끌림으로 시작한 공직 생활은 어떠했나?

A : 1990년대 초는 복지 대상자에게 직접 쌀을 퍼 주던 시절이었다. 어느 정도 손에 익으니 한 번 퍼 올리면 딱 500그램이었다. 그런데 양이 적다거나 질이 떨어진다며 쌀을 던지는 분도 있었다. 게다가 아침엔 나보다 먼저 출근하는 만취객도 있었는데 술에취해서 소리를 지르기도 하고, 남자 직원을 때리기도 했다. 그땐정말 너무 힘들어서 사직서를 쓰고 고발이라도 하고 싶은 마음이었다. 내가 구청으로 옮겨 가고 난 뒤에, 술 끊었다며 연락이 왔다. 정말 정말 잘했다고 하니, "그런데 나 암이라네" 하시고는 그렇게돌아가셨다.

사회복지직 공무원은 시민들 집에 가면 밥솥과 냉장고를 열어 본다. 식사하셨는지 챙기기 위해서다. 주무관 때 하루는 동네식당에 가서 명함을 드리며 남는 반찬이 있으면 주실 수 없을지부탁 드렸다. 다들 "참 좋은 일 합니다"라고 하지만 남는 반찬은없다고 했다.

이외에도 시민을 만나는 수만큼 다양한 상황을 마주한다. 그럴 때마다 어려운 분들을 보고도 할 수 없는 일이 하나씩 쌓였고, 공무원을 그만둬야 하나 심각하게 고민했다. 그렇게 3년 6개월동안 아무런 기부도 받지 못했다. 그리고 다른 동으로 자리를 옮겨 일을 하게 된 뒤 한 식당에 들렀다. "사장님, 손님이 가장 적은 요일이 언제예요?" 여쭈니, "목요일이요" 하셨다. 동네에 살고 계신 분들의 상황을 말씀 드리며 혹시 목요일에 다섯 집을 위한 반찬을 만들어 주실 수 있는지 부탁 드렸다. 그때 처음으로 반찬을 기부 받았다. 그 뒤로 나는 사직서를 쓰지 않았다. 단순히 정부에서 정해진 복지를 배달만 하는 기사가 아니라 선순환 구조를 만들 수 있겠다는 확신이 들었기 때문이다.

Q : 지금은 우산동에서 마을 복지를 가꾸고 있는데 직원과 어떻게 소통하나?

A : 같이 일하는 동료와 한길을 바라보기 위해서는 소통이 중요하다. 매일 아침 출근하면서 하이파이브를 한다. 아침 일찍 오는 민원인이 있어 크게는 못하지만 서로의 온기를 전하며 하루를 응원한다. 내 일정과 생각을 단톡방에 올려 공유하기도 하고, 함께 공부하는 학습동아리 별★궁리를 만들어 서로의 생각과 차이를 맞춰 가기도 한다.

일을 추진하려다 보면 '제도적으로 이게 가능할까?' 혹은 '과연 내가 할 수 있을까?'라는 생각에 부딪힌다. 그럴 때면 나는 어김없이 "내가 촉이 좋잖아. 그거 될 거 같아!" 하며 되는 방법을 함께 고민한다. 아마 후배들은 알 거다. 그건 촉이 아니라 끈기라는 것을.

Q : 가장 기억에 남는 일을 소개한다면?

A : 일하면서 알게 된 1급 장애인 동생이 있다. 하지 장애가 심했다. 1997년 즈음인가 "누나, 사랑하는 사람이 생겼어요" 하는 거였다. "축하해. 결혼해야지" 하며 여자 친구를 만났는데, 그에게는 다리와 팔, 그리고 언어 장애가 있었다. 여자 친구가 돌아가고 나서, 동생을 보며 울음을 터뜨렸다. "너희 사랑도 소중하지만, 너보다 조금 더 건강하면 좋았을 텐데……" 그랬더니, 그 동생이 "누나, 우린 장애가 심해서 오래 못 살아. 그런데 나는 저 친구에게 해 줄 수 있는 게 있잖아"라고 말했다. 그때 참 많은 걸 느꼈다.

현장에서 복지 업무를 하면 예상하지 못한 일이 종종 생긴다. 심하게 거친 민원인을 만날 때면 나 또한 화를 참기 힘들기도 하고, 가끔 힘들어서 우는 동료와 후배들을 본다. 그때마다 말한다. 우리가, 우리 아이가 가질 수 있는 장애를, 아픔을 그들이 갖고 있다고. 그래서 우리는 한 마을에서 공동체가 함께 나눌 수 있는 별별 궁리를 하고 있다.

지금까지 공직 생활을 하면서 가장 기억에 남는 날이 있다. 2013년 10월 16일. 물론 승진한 날은 아니다. '투게더광산 나눔문화재단'이 광주광역시로부터 설립 인가를 받은 날이다. 당시 나는 이 재단 설립을 담당한 팀장이었다. 이 재단은 행정에서 단독으로 주도하지 않고 민간과 협의하면서 만들었다. 기금 또한 지역 주민으로부터 만 원부터 5천만 원에 이르기까지 폭넓게 모았다. 이 재단의 설립으로 우리 지역에서 나눔 문화가 확산될 거라는, 또 복지가 확장될 거라는 확신이 있었다. 그런 확신이 조금씩 눈에 보일 때의 희열은 말로 표현이 안 된다.

Q : 행정은 우리의 삶을 어떻게 지켜야 하는가?

A : 가끔 나를 소개할 자리가 생기면 '국가를 울타리로 하는 지역복지 활동가 엄미현입니다'라고 한다. 기본적으로 복지란 국가가 하는 것인데 마을 안으로 들어가면 국가가 책임질 수 없는 부분, 세심하게 어루만지기 힘든 곳이 있다. 그런 부분은 무엇으로 해결해야 할까. 나는 관계로 접근해야 한다고 생각한다. 사람과 사람, 마을과 마을을 이어야 하니까 말이다. 그러기 위해선 자치력이 생겨야 한다. 스스로 생각하고 표현하며 함께 결정하고 또 행동하게 만드는 거다.

대전의 한 지자체에서 우산동으로 견학을 왔었는데, 한 분이 자치와 복지 중 어떤 것이 우선이냐고 질문했다. 나는 이렇게 생각한다. 마을에서 자치와 복지는 별개가 아니다. 자치가 없는 복지는 중앙 정부가 정해준 대로 움직이는 행정에 머문다. 하지만 자치와 어우러지면 지역에 맞는 복지의 모습을 가꾸어 갈 수 있다.

우산동장이 되고 100일간 주민과 만나면서 거의 입을 열지 않았다. 듣고 여쭙기 위해서였다. 마을이 자생력을 가지려면 공무원은 시민의 존엄을 살려야 한다. 그 첫 발걸음은 행정의 문턱을 낮추어 시민이 자유롭게 이야기할 수 있도록 참여의 기회를 높이는 것이다. 그러면 자연스레 주민들의 자주성이 강화되고 우리가 사는 이 사회가 점점 공정하게 변해 갈 수 있으리라 믿는다. 우산동에는 영구 임대 아파트가 두 동 있다. 이 이야기를 들으면 우산동을 아픈 손가락으로 보는 시선이 많다. 하지만 주민의 말에 귀기울이고 함께 생각을 나누면서 우산동은 내게 어느덧 귀한 손가락이 되었다.

Q : 퇴근 뒤와 주말에는 어떻게 지내는가?

A : 평일에는 퇴근이 늦다. 주민의 목소리를 듣는 경우도 있고, 귀가해도 신문이나 TV를 통해 뉴스를 보는 경우가 잦다. 아이들은 둘 다 스무 살이 넘어서 각자 생활하고, 그러다 보니 가사는 자연스레 주말에 모아서 한번에 한다. 이전에는 직장 일과 집안일을 모두 즉시 잘 해내려 아등바등했는데, 어느 순간 한계가 왔다. 그래서 요즘은 한계를 인정하며 살고 있다.

특별한 취미가 없어서 조용하게 홀로 산책하며 생각을 정리하기도 하고, 인터넷으로 강연을 듣거나 독서를 하면서 새로운 아이디어를 상상하기도 한다.

나는 매일 출근 전에 친정엄마에게 전화해 안부를 묻는다. 오늘의 일정을 보고하고 나면 밝게 응원해 주시는 엄마의 목소리에 힘이 난다. 그런데 돌이켜보니 여행을 간 기억이 드문 거다. 특히 가족과 함께하는 여행 말이다. 그래서일까, 작년에는 문득 엄마의 삶과 추억을 기록하고 싶다는 생각이 들어 엄마와의 여행을 시도했다. 동료와 주민들의 생각과 행동을 함께 기록하고 싶기도 하다.

Q : 공무원이 되길 참 잘했구나 생각하는 순간은 언제인가?

A : 어르신들의 민원이 가장 많을 때가 언제인지 아는가? 2월이다. 통상 그때 일자리 사업을 시작한다. 생활이 어려워서 그럴 수도 있지만, 스스로 번 돈으로 밥 먹고 옷 사는 대신 손자, 손녀에게 용돈 주고 개인이나 단체에 기부하려는 분들이 많다. 광산구의 노인 일자리 및 사회 활동 지원 사업에 참여한 어르신들은 월 20만 원 벌어서 팔레스타인 분쟁 지역 아이들에게 5천 원씩 기부한다. 손자, 손녀의 이름으로 말이다. 손주들이 할아버지, 할머니를 바라보는 시선이 달라졌다고 한다.

공무원이 되면 월급을 받고 신분도 안정되니 기부도 할 수 있다. 게다가 권한을 준다. 사회복지직인 나는 무엇이 가난의 구조를 바꿀 수 있는지 고민하고 하나씩 실천해 보고 있다. 내가 상상한 것이 정책이 되기도 하고 그로 인해 시민들이 웃는 모습을 보기도 한다. 공무원은 공공 영역에서 공무 노동을 통해 국가와 지자체의 사무를 수행하는 공적 활동가다. 근엄한 조직의 집단적 객체이기도 하지만 저마다 가진 창의와 철학으로 공무를 수행해야 하는 창조적 주체이기도 하다. 물론 매사에 흐트러지지 않아야 하는 공익의 삶이 주는 경직과 책무가 있지만 말이다. 자신의 등불로, 최선의 성실로 헌신하며 때로 과감하게 의견을 제시하고 변화를 끌어내는 모습을 볼 때면 이것이 가능한 직분인 공무원임에 매순간 감사하다.

Q : 행정을 둘러싼 환경이 급변하고 있다. 어떻게 준비해야 하는가?

A : 쏜살같이 변화하는 시대에 역동적이지 않으면 진보할 수 없다. 그런 변화의 출발점은 학습이다. 나는 '학습 없이 진보 없다'고 생각한다. 정책과 제도에 관한 공부는 물론 근간이 되는 철학에 대한 이해와 공유가 필요하다. 스스로 사색하고 학습하는 것에서 시작해 옆자리 동료, 같은 지역 시민과 생각을 나누어야 비로소 현장은 변하기 시작한다. 좋은 관계만으로 좋은 성과를 만들 수는 없다. 끊임없이 궁리한다. 나는 동료들과 학습동아리를 만들어 매달 같이 공부하고 복지 관련 현장을 방문하는 프로젝트를 진행하기도 했다. 여행도 가고 영화를 보면서 상대의 입장을 이해하는 기회를 얻는다. 그런 경험이 쌓여 조금씩 나아가는 것 같다.

나는 리더의 역할이 매우 중요하다고 생각한다. 리더가 불성실하거나 게으르면 그 조직은 소멸하기 마련이다. 리더가 먼저 배우고 또 공부할 수 있는 환경을 조성해 직원을 지원하고 격려하면 조직 내 창조력을 높일 수 있다. 창조력에 기반한 협동은 다시 관계를 강화하고 조직의 다양한 의사를 수렴하게 만들어 정책을 원활하게 집행할 수 있다.

노자는 도덕경에서 최고의 지도자를 '공성사수 백성개위아자연(功成事遂 百姓皆謂我自然)'이라고 했다. 모든 일이 끝나고 이루어졌을 때 사람들이 '이 일을 우리 스스로 해냈다'라고 말하게 하는 지도자가 최고라는 뜻이다. 현재의 리더뿐 아니라 미래의 리더도 가슴에 새겨 볼 말이다. 큰 숲을 지나왔을 때 함께 키가 쑥 자란 모습을 발견하면 정말 행복하다.


Q : 공무원에게 '승진'은 어떤 의미일까?

A : 신입일 때는 동기가 많으면 엄청나게 좋아한다. 고민을 나눌 동기는 조직 생활에서 큰 자산이다. 하지만 승진할 시기가 다가오면 동기가 많은 게 부담스럽다. 경쟁 상대가 많기 때문이다. 승진은 성실과 사명을 바탕으로 한 공무 활동의 성과를 평가한 정직한 결산이어야 한다고 생각한다. 정치적인 교섭 능력과 인맥을 통해 승진한 사람은 승진해도 그 맛을 알지 못한다. 또 남과 비교하며 빠르고 늦음에 일희일비할 필요도 없다. 실무 자질과 성실한 사명감, 자신이 발 딛고 사는 공동체와 지역 사회에 대한 뜨거운 정열과 사랑에 바탕을 둔 활동으로 평가 받는 게 정당한데, 현실은 그렇지 못한 경우가 종종 있어 안타깝다.

사무관으로 승진하고서 몸무게가 7킬로그램이 빠졌다. 남들은 내 건강을 걱정했지만, 나는 직급과 직위에 주어진 책무를 어떻게 다할 수 있을까 고민했다. 우리는 직위가 높아짐에 따른 책무를 스스로가 감당할 능력과 자질이 있는지 돌아보고 쌓아 가야 한다. 승진은 열심히 일한 뒤 선물처럼 오는 것이라 여기면 좋을 것 같다.


Q : 후배 공무원에게 해 주고 싶은 말이 있다면?

A : 행정복지센터에서 공직을 시작한 직원이 있었다. 첫날 등본을 발급하는 일을 한 그에게 질문했다. "오늘 김 주무관에게 등본은 무엇이었나요?" 그러자 "네. 설렘입니다"라고 답했다. 신선하지 않은가? 한 달 정도 매일 같은 질문을 하고, 그가 어떠한 대답을 하더라도 엄지 척을 선사했다. 애당초 내 물음에 정답이란 없다. 이제 공직 생활을 시작한 후배들은 어려운 시험을 통과한 만큼 성실함과 엉덩이의 힘을 지녔지만, 아직 주민을, 자치를, 국민을 안다고 할 수 없다. 그래서 자신이 맡은 업무가 어떤 의미인지, 또 주민과 자치에 어떤 영향을 미치는지 스스로 생각해 보기를 바라는 마음으로 질문한다.

나는 공무원의 실력은 태도에서 나온다고 생각한다. 행정복지센터에서 가서 민원 신청을 한다고 해 보자. 대다수 공무원은 시민의 물음에 대답한다. 규정에 따라 서류도 발급해 준다. 그런데 시민들은 공무원이 불친절하다고 여기는 경우가 잦다. 왜 그럴까? 바로 민원인을 대하는 공무원의 태도 때문이다. 뚱하거나 화난 표정, 무뚝뚝한 말투, 상대에 대한 배려 없는 행동이 찾아온 주민의 마음을 상하게 만든 거다.

반면 행정복지센터에서 자신이 원하는 결과를 얻지 못했는데도 시민들이 공무원을 칭찬하는 경우가 있다. 밝은 미소를 보이면서 공감하며 진솔하게 설명할 때가 그렇다. 민원인은 비록 자신이 요청한 사항을 처리하기 힘들다고 전해 들어도 그 이유를 명확히 알게 되었기에 불친절하다 여기지 않는다. 나는 이런 결과를 만들어 내는 공무원이 진정한 실력자라고 생각한다. 여러분도 내면의 미소와 존중을 꺼내 보라. 밝은 표정으로 먼저 인사를 건네고, 고마움을 표현하며, 혼자 하기보다는 함께 하는 즐거움을 공유하는 실력 있는 공무원 되기를 기대한다.

"공무원으로서의 직위가 높아짐에 따른 책무를 스스로가 감당할 능력과 자질이 있는지 돌아보고 쌓아 가야 한다. 승진은 열심히 일한 뒤 선물처럼 오는 것이라 여기면 좋겠다."

**엄미현 광주광역시 우산동장**

1991년 사회복지전담공무원으로 시작해 광주광역시 광산구 복지시설지원단장과 공동체복지과장을 거쳐 현재 우산동장으로 일하고 있다. 자격증은 없으나 사회복지사나 다름없었던 어머니 아래 성장한 덕에 복지 행정의 제일선에서 힘든 순간은 있었지만 일에 대한 미움과 원망은 없었다고 한다. 특히, 어르신을 복지의 대상이 아니라 공동체의 주체로 삼고자 노력하고 있다. 오늘도 그는 선한 영향력을 공유하는 활동으로 일상을 채워 가고 있다.

Epilogue - 선배에게 듣다

# 40년 경력의 선배가 전하는
## 공무원의 역할,

# 임관식 여성가족부
## 전(前) 권익증진국장에게 듣다

Q : 공직 생활을 일찍 시작했다. 특별한 계기가 있었나?

A : 1970년대에도 대학 입시는 치열했다. 나는 집안 형편상 사립대학은 갈 수 없었고, 국립대학교를 지원했는데 낙방했다. 부모님이 계신 농촌에서 함께 생활하다가, 아버지의 권유로 공무원 시험을 보았다. 당시 공장이나 회사에 취직하는 것이 그리 어렵지는 않았지만, 고등학교를 갓 졸업한 나는 부모님이 원하시는 일을 해 보기로 했다.

막상 공무원이 되고 보니 처우나 사회적 인식이 낮았다. 특히나 보수가 너무 낮아서 다른 길로 갈까 하는 갈등이 많았다. 사실 사명감이나 소명 의식으로 공직을 시작한 것은 아니다. 그러나 결혼하고 자녀가 생기면서 책임감도 생기고, 직급이 오르면서 국민의 삶에 직접 영향을 미치는 결정을 내리게 되면서, 또 공무원에 대한 사회의 인식이 긍정적으로 변하면서 공직에 대한 자부심이 높아졌다.

Q : 40년 가까운 공직 생활에서 가장 기억에 남는 일은 무엇인가?

A : 시민들에게 2000년대에 가장 기억에 남는 일이 무엇인지 물으면 다양한 대답이 나오겠지만 2002년 한일월드컵을 떠올리는 사람도 상당할 것이다. 당시 문화관광부 체육국 국제체육과 소속으로 월드컵대회 지원 본부 팀장으로 일했다. 매번 국무회의에 안건을 보고하는 것은 물론이고 대회를 준비하며 발생하는 여러 현안 해결에 정신이 없었다. 그런데 지금은 그 시절 고생의 흔적은 흐릿해지고 태극전사가 4강 진출을 한 것과 전 국민이 열광하며 붉은 물결로 하나 되던 응원이 강렬하게 기억난다.

2009년 국립인천공항검역소장으로 일하고 있을 때는 신종인플루엔자가 발생했다. 미국 캘리포니아에서 첫 환자가 발생한 뒤, 10개월간 214개국으로 급속히 확산되었다. 해외에서 시작된 만큼 내외국인이 입·출국하는 인천공항에서의 검역은 매우 중요했다. 보건복지부 본부 인력은 물론 군인까지 파견되어 매일 밤늦게까지 근무했다. 모든 입국자의 발열 감시, 신종인플루엔자 의심자 검사와 격리, 접촉자에 대한 역학 조사 등등 일이 많았다. 파견 군인의 숙소도 확보해야 했다. 국내감염 비상 대응체계로 신종인플루엔자 대응 방식이 2009년 이후 메르스 등의 대응에 도움이 되었다는 소식을 전해 들으면 괜스레 뿌듯한 마음이 생긴다.

그런 것 같다. 힘들어서 주저앉고 싶은 상황, 격려보단 비난과 질책으로 가득 찬 시간을 마주하면 '이 순간은 언제 지나갈까?' 하지만, 긴 공직 생활을 마감하고 보니 앞이 보이지 않는 터널을 지나는 두려움, 아무도 알아 주지 않는 것에 대한 서러움은 금세 기억에서 흐릿해진다. 오히려 나의 작은 역할 하나가 어쩌면 국민이 희망을 갖고, 건강한 환경에서 생활하도록 기여했을지도 모른다는 생각이 들면 버거웠던 시간마저 너무도 감사해진다.

Q: 퇴직할 때 어떤 감정이 들었는지 궁금하다.

A : 정년을 1년 앞둔 2016년 6월에 퇴직했다. 고위공무원으로서 후배들을 위해 자리를 비켜야 할 것 같았고 당시 담당했던 일본군 위안부 업무에 대한 논란이 있어 이에 대한 책임감도 한몫했다. 어쨌든 무사히 공직 생활을 마무리할 수 있어 감사했고 특별히 아쉬운 것은 없었다.

Q: 한일 일본군 위안부 합의 때 어떤 일을 했나?

A : 우리 정부는 일본군 위안부에 대한 일본의 진실된 사죄와 배상을 요구하며 국제 사회에서 일본의 만행을 규탄하는 사업을 전개하고 있었다. 그런데 2015년 12월 28일. 한국과 일본, 양국 외교부 장관이 위안부에 대한 서면 사죄와 함께 위안부 갈등을 종결하기로 합의했다. 여성가족부 권익증진국장으로 있으면서 위안부 할머니의 생활 지원에서부터 이를 알리기 위한 홍보와 교육 등도 추진했다. 그런 중에 외교적 합의가 이뤄진 거다. 위안부 할머니들은 서면 사죄에 진정성을 느끼지 못했고, 시민단체와 국민

들의 거센 비판이 이어졌다. 위안부 할머니와 시민단체 등의 집단 행동과 언론의 과잉·추측 보도에 대응하는 시간을 보냈다. 무엇보다 외교적으로 합의는 했지만 위안부 실상을 알리기 위한 사업은 계속 진행해야 하는 등 정부 안에서도 입장이 나뉘는 시기를 겪었다. 2015년 양국 간 합의에 따라 2016년 설치했던 '화해·치유 재단'은 2019년 해체되었고, 일본군 위안부는 아직도 한일 간 외교적 현안이다.

Q: 앞뒤가 뒤틀린, 그래서 나아가지도 물러서지도 못하는 상황을 만나면 스트레스가 클 텐데.

A : 정책에서 방향을 정하는 건 힘들다. 다양한 이해 관계자들이 각자의 논리와 이유를 들어 주장한다. 게다가 행정부와 국회의 입장이 다르기도 하고 정부 안에서 부처별로 지향점이 상이한 경우도 생긴다. 이런 일을 담당하면 스트레스를 많이 받는다. 난처한 상황에 놓인 거니까. 힘들겠지만 그냥 견디는 것 외에 특별한 방법이 없다. 혹여 공직 생활 중 이런 상황에 놓이게 된다면 개인의 잘못이 아니라 업무라고 생각하면 좋겠다. 감정적으로 빠져들면 더 힘들어진다. 엉킨 실타래를 한 번에 풀지 못해도, 그걸 자를 수 있는 가위가 내 손에 없더라도, 한 걸음 한 걸음 내딛는 거다.

Q: 공무원이라고 하면 정년 보장을 떠올리지만, 입사 후 얼마 지나지 않아 퇴사하는 이들도 있다.

A : 그런 경우가 많아졌다. 나 같은 베이비붐 세대와 지금의 젊은 세대는 확연히 다름을 느낀다. 자라 온 환경과 처한 상황이 다르니까. 자신이 생각했던 조직 생활과 아주 많이 다르다면 방향을 전환해 새로운 길로 들어서는 것이 현명한 선택일 수 있다. 하지만 좀 더 버텨 보라고 권하고 싶다.

가끔 주례를 서면 '상대를 절대 고치려 하지 마라'는 말을 한다. 자신의 습관을 바꾸는 것도 쉽지 않은데, 스무 해 이상 다른 문화에서 살아온 상대를 바꾸는 건 정말 어렵다. 조직에서도 마찬가지다. 너무도 다양한 상사와 동료를 만난다. 그러니 나와 맞지 않는다고 외면하거나 거부하지 말고 어느 정도 적응하면서 새로운 문화를 만들어 가는 역할을 해 나가길 바란다. 특히 인간관계, 그중에서도 상사 때문에 힘든 경우가 많다. 예전처럼 결재판이나 재떨이를 던지지는 않지만 여전히 갑질하는 상사가 있다. 그런데 지금은 직원들의 눈치를 살피는 상사 또한 많아지고 있다. 기대에 못 미친다고 여길 수도 있겠지만 분명한 건 조직 문화가 개선되고 있다는 점이다. 이제 후배들이 그 변화의 주역이 되어야 한다.

Q: 9급 공무원으로 시작해 고위공무원이 되었는데,
승진이란 어떤 의미였나?

A : 공무원으로 생활하면서 승진이 모든 것이라 할 순 없지만, 이것만큼 중요하고 또 관심이 가는 것도 없다. 왜냐하면 승진은 일을 잘하느냐, 조직에서 어떻게 생활하느냐 등에 대한 평가의

산물이기 때문이다. 나 또한 이런 평가와 경쟁에서 밀려났다고 생각한 적도 있고, 직급이 올라가면서 예민해지기도 했다. 하지만 고위공무원이 되면서는 확연히 달라졌다. 많은 직원과 함께 근무하고 대외 접촉이 잦아지니 스스로 그 직위에 맞는 능력과 경험이 있는지에 대해 더 깊이 고민하게 되었다. 옆 동료와 끊임없이 경쟁하며 앞서고 뒤서는 것에 희비가 엇갈리기도 하지만, 결국 경쟁 상대는 타인이 아니라 자기 자신임을 깨닫게 되는 순간이 온다.

Q: 여성가족부에서 가족정책관을 지냈는데 가정에서는 어떤 아빠, 남편이었나?

A: 아마도 그건 자녀와 아내가 평가해 주어야 정확할 테지만 스스로 생각하자면, 두 아들은 자립심 강하게 성장했으면 하는 바람에 비교적 엄격하게 키웠다. 반면 중학생인 막내딸은 본인이 원하는 것을 할 수 있도록 자유를 주려 한다. 그러고 보니 자녀들이 나를 어떤 아빠로 생각할지 무척 궁금해진다.

부부 사이의 역할 분담을 보면, 결혼 뒤 줄곧 맞벌이를 했기에 집안일에 익숙한 편이다. 아내가 해외파견을 갔을 때나 지방근무 때 혼자 아이들을 양육한 기간도 상당하다. 하지만 "꼭 도와주는 것처럼 일한다"는 말도 가끔 들었으니 아내의 평가는 나보다 훨씬 냉정할 것 같다.

가족정책관실에서는 주로 어려운 가족에 대한 지원 업무를 추진했다. 저소득 계층을 대상으로 한 아이돌보미, 한부모나 다문화 가족 지원 사업 등이 그 예다. 일과 가정의 양립이나 워라밸은 고용노동부와 인사혁신처에서 정책을 추진하는데 최근 여러 수단을 통해 가족과 함께하는 시간을 늘리고자 노력하는 것을 체감한다. 하지만 가족이 모여 어떻게 시간을 보낼지, 다른 세대 간 적절한 소통 방법에 대한 고민과 이를 돕는 프로그램은 다소 부족한 것 같다. 사회적으로 문제가 발생하거나 취약점이 발견되면 단기 대응책 마련에 집중하는데, 성과가 나타나는 데 시간이 걸리더라도 올바른 문화를 정립하는 데 관심을 두면 좋겠다. 조직에서만 아니라 가정에서도 우리 가족만의 문화, 색깔을 만들어 가면 어떨까.

Q: 공직자에게 가장 필요한 덕목은 무엇인가?

A : 공무원은 국민으로부터 권한을 위임 받아 사회의 공익을 담당하는 사람이다. 따라서 첫째도 국민, 둘째도 국민을 바라보면서 일해야 한다. 하지만 현실에선 자신이나 상사, 정치권에 따라 정책의 방향이 움직이는 경우를 보기도 한다. 특히, 중앙부처에서 근무하다 보면 대통령 공약이나 국회가 요구하는 방향에 따라 그동안 추진해 오던 정책이 전혀 다르게 변해 집행되기도 한다. 현행 선거제도 아래에서는 국민의 선택을 받은 대통령과 국회가 민심을 반영하는 것으로 해석되기에 거부하기도 어렵다. 이러한 환경에서 공무원은 집행 과정의 투명성, 형평성, 공정성 등을 중시해야 한다. 거짓 없이 모든 사람에게 공평하게 집행되도록 하는 것이 공직자의 역할이라 생각한다.

후배 공무원에게 딱 두 가지 당부하고 싶다.

첫째, 실력을 키워라. 처음 공무원이 되면 익숙하지 않아 발생하는 실수에 선배와 동료가 이해해 주지만, 어느 정도 시간이 지나면 스스로 기획하고, 다양한 질문에 답하며, 상사의 결재를 받은 뒤 실행해야 한다. 물론 팀으로 운영되기도 하지만 각자의 역할을 책임지는 자세가 필요하다. 그러니 실력을 키우는 데 게을리하지 마라.

둘째, 정직해라. 공무원도 사람이라 좋지 않은 상황에 처하면 변명도 하고 싶고, 거짓으로 순간을 모면하고 싶기도 할 것이다. 하지만 거짓은 또 다른 거짓을 불러오며, 한 번의 거짓만으로도 사태는 걷잡을 수 없을 만큼 악화되기도 한다. 선의의 거짓말이라도 하지 말길. 본인에게도 조직에도 결코 도움이 되지 않는다. 앞으로 당당한 공무원이 되길 기대한다.

Q: 앞으로의 계획은 어떠한가?

A : 퇴직하고 벌써 4년이란 시간이 흘렀다. 그 사이 두 아들은 결혼했고 막내딸은 중학생이 되었다. 첫 1년 동안은 일주일에 하루씩 전통 목가구 만들기 교육에 참여했고, 다음 6개월은 강원도 화천에서 한옥 집 짓기를 배웠다. 민간 청소년수련원의 운영 책임자로도 있어 보았지만, 경영난 우려로 3개월 만에 접었다. 퇴직 뒤의 시도 중 어느 것 하나 쉬운 게 없었다.

현재는 학교법인 대원학원, 한국스카우트 서울 남부연맹 그리고 사단법인 함께하는 아버지들 등에서 이사로 활동하고 있다. 직업인으로서의 활동은 아직 구체화하지 못하고 있다. 지금은 쉬는 것도 투자일 수 있다고 생각하고 있다. 마이너스가 되지 않고 현행을 유지하는 것도 괜찮은 전략인 것 같다. 그리고 이제는 삶을 엄격하게 몰아세우지 않으려 한다. 스스로 옥죄면서까지 열심히 살기보다는 종종 게으름을 피우는 여유로움을 갖고 싶다. 한 번뿐인 인생이니 오늘의 일상이 즐거울 수 있도록 건강하게 삶을 챙기려 한다.

"공직 생활을 하며 나와 맞지 않는다고 외면하거나 거부하지 말고 어느 정도 적응하면서 새로운 문화를 만들어 가길 바란다. 기대에 못 미친다고 여길 수도 있겠지만 조직 문화는 분명히 개선되고 있다. 이제 후배들이 그 변화의 주역이 되어야 한다."

**임관식 여성가족부 전(前) 권익증진국장**

고등학교 졸업 후 조달청 부산사무소에서 9급으로 공직 생활을 시작했다. 1982년 3월 체육부로 자리를 옮긴 뒤 정부 조직 개편에 따라 1993년 문화체육부로, 2008년 보건복지가족부로, 2010년 여성가족부로 소속이 변경되었다. 2007년 고위공무원으로 승진했고 국립인천공항검역소장, 가족정책관, 권익증진국장을 역임했다. 2016년 공직 생활을 마감한 후 지금은 학교법인 대원학원과 한국스카우트 서울 남부연맹, 사단법인 함께하는 아버지들 등에서 이사로 활동하고 있다.

Epilogue - 선배에게 듣다

인터뷰를 준비하고 원고를 마감하기까지 2년이 걸렸다. 이 시간은 공무원이 되고자 시험을 준비하고, 또 공무원으로 일했던 10년 넘는 시간보다 훨씬 더 공무원이란 직업에 대해, 개인의 삶과 조직 내 역할에서의 조화로움에 대해 깊이 생각하는 기회였다. '나는 왜 공무원이 되려고 했을까?'라는 물음은 일곱 명의 젊은 공무원과 대화하며 '공무원으로서, 또 한 사람으로서 어떤 삶을 살아야 할 것인가?'로 확장되었다. 거기다 두 명의 선배를 만나면서 내가 꿈꾸는 사회가 무엇인지 좀 더 구체적으로 다가가고자 했다.

엄미현 선배는 시민의 목소리에 귀 기울이고, 일상에 공감하며 더불어 성장하는 것이 무엇인지를 생생하게 들려주었다. 또 공존과 상생이 당위에 머무르지 않고 생활에서 실현될 수 있음을 보여 주었다. 임관식 선배는 실력과 정직의 중요성을 강조하면서 삶을 너무 엄격하게 몰아세우지는 말라고 조언했다. 치열함 속에서도 종종 게으름을 피우는 여유는 분명 우리의 삶을 더욱 풍성하게 만들 것이다.


에필로그를 쓰는 지금, 동료나 시민과의 소통이 급격히 원활해지고 사명감에 에너지를 불태우는 것과 같은 극적인 변화는 나에게 일어나지 않았다. 다만, 은근하게 내가 가야 할 길이 어디인지를 생각하고, 제대로 한걸음 내딛을 용기가 생겼다. 비록 느린 걸음이지만 목적지엔 더 가까이 다가갈 수 있을 거란 믿음과 함께 미국 저널리스트 헨리 루이스 멩켄의 말이 떠올랐다.

"사람은 생의 길이에 대해 아무것도 할 수 없지만, 넓이와 깊이에 대해서는 무언가를 할 수 있다."

무슨 선택으로 어떤 하루를 가꾸어 갈지, 무슨 꿈을 꾸며 어떤 사회를 만들어 갈지, 이제 당신이 묻고 답할 차례다. ●

도서출판 남해의봄날 비전북스 어떤 일, 어떤 삶 05
어떤 가치를 위해 어떤 일을 선택하느냐에 따라 우리 삶도 변화합니다.
다양한 분야에서 경력 10년을 넘나드는 젊은 직업인들의 생생한 이야기를 통해
원칙과 철학으로 삶을 더 단단히 만들어가는 역동적인 오늘을 만나보시기 바랍니다.

# 젊은 공무원에게 묻다
### 당신이 꿈꾸는 사회는 무엇인가?

초판 1쇄 펴낸날 2020년 8월 10일
초판 2쇄 펴낸날 2022년 4월 29일

**인터뷰와 글**   윤기혁
**고마운 분들**   조남식, 김휘린, 장재호, 장미, 현진우, 국존호, 김승범, 엄미현, 임관식

**편집인**   천혜란책임편집, 장혜원, 박소희
**마케팅**   황지영, 이다석
**사진**   박성영
**디자인**   로컬앤드 www.thelocaland.com

**종이와 인쇄**   미래상상

**펴낸이**   정은영편집장
**펴낸곳**   남해의봄날
          경상남도 통영시 봉수1길 12
          전화 055-646-0512 팩스 055-646-0513
          이메일 books@namhaebomnal.com
          페이스북 /namhaebomnal 인스타그램 @namhaebomnal
          블로그 blog.naver.com/namhaebomnal

ISBN 979-11-85823-59-1 04300
978-89-969222-8-5(시리즈)
©윤기혁, 2020